Kecha Quenzal

SPIRITUELLES ERWACHEN:
DAS GEHEIMNIS DER MENSCHHEIT

SPIRITUELLES ERWACHEN:

DAS GEHEIMNIS DER MENSCHHEIT

Kecha Quenzal

Impressum

Bibliografische Information der Deutschen Nationalbibliothek: Die Deutsche Nationalbibliothek verzeichnet diese Publikation in der Deutschen National-bibliografie; detaillierte bibliografische Daten sind im Internet über http://dnb.dnb.de abrufbar.

Verlag: BoD · Books on Demand GmbH, Überseering 33, 22297 Hamburg, bod@bod.de

Druck: Libri Plureos GmbH, Friedensallee 273, 22763 Hamburg
ISBN: 978-3-8192-6479-5

INHALTSVERZEICHNIS

EINLEITUNG

Wie wird man glücklich? Diese Frage hat sich sicherlich schon jeder einmal gestellt. Nicht ohne Grund sind die Regale der Buchhandlungen voll von Ratgebern, die einem versprechen, den Schlüssel zum Glück zu finden. Viele von uns haben schon das ein oder andere Buch über das Glücklich-Sein gelesen. Hat es geholfen? Vielleicht ein wenig. Doch allzu schnell verfällt man wieder in den gewohnten Alltagstrott, in die Schleife der inneren Unzufriedenheit. Aber warum? Was machen wir falsch?

Meiner Meinung nach muss man das Problem an der Wurzel anpacken. Statt nach schnellen Antworten zu suchen, sollten wir uns fragen, warum wir überhaupt hier sind. Was ist der Sinn deines Lebens? Woher kommst du? Was ist deine wahre Lebensaufgabe?

Die hektische Welt um uns herum hat uns vergessen lassen, was wirklich wichtig ist. Es geht nicht um äußere Anerkennung wie Erfolg oder Reichtum. Bevor wir ein Leben im Einklang mit uns selbst führen können, müssen wir erst verstehen, was es bedeutet, auf dieser Erde zu sein.

Viele Menschen durchlaufen ihr Leben wie im Tiefschlaf, ohne zu verstehen, dass gesellschaftliche Normen und Erwartungen ihre Fesseln sind. Sie setzen sich unter enormen Druck, weil sie versuchen, einem perfektionistischen und materiellen Ideal zu entsprechen. Reichtum, Karriere und Macht sind ihre Ziele, während Sorgen und Ängste sie begleiten. Sie haben vergessen, dem zu folgen, was sie wirklich glücklich macht. Sie haben verlernt, sich mit ihrer inneren Welt zu verbinden. Warum? Ganz einfach, weil die Verbindung zu sich selbst der erste Schritt zu *wahrem Glück* ist. Wenn wir uns selbst erkennen, können wir auch die tiefere Bedeutung des Lebens begreifen.

So war es auch bei mir, als ich mit dem Meditieren begann. Nie hätte ich mir vorstellen können, was ich dabei erleben würde und wohin mich dieser Weg führen würde. Ich trennte mich von meinem Ego, löste mich von gesellschaftlichen Fesseln, fand die innere Freiheit und Gottes Liebe in mir selbst. Ich lernte, mit meinen Geistführern zu kommunizieren, mit Verstorbenen zu sprechen und die Angst vor dem Tod zu verlieren. Dies alles war Teil meines *spirituellen Erwachens*.

Was bedeutet „Erwachen"?

Es ist ein tiefgehender Prozess – ein Geschenk Gottes, das uns *eine Erweiterung des Bewusstseins* ermöglicht. Wir beginnen, das Große und Ganze wahrzunehmen und zu begreifen, dass es mehr gibt als nur die physische Welt. In diesem Zustand erkennen wir, dass wir nicht nur der Körper sind, sondern **unsterbliche Seelen**, die eine **menschliche Erfahrung** machen.

Unser Ego ist eine Blockade, die uns von unserem *wahren Selbst* trennt. Es ist die Stimme des Egos, die uns ein falsches Bild von uns selbst vermittelt und uns zu falschen Zielen verleitet. Sobald dir diese Täuschung bewusst wird, eröffnet sich die Möglichkeit, dich von alten Mustern zu lösen, neue Wege zu gehen und langfristiges Glück zu finden.

Oft ist ein *prägendes Erlebnis* der Auslöser für ein spirituelles Erwachen. Sei es ein Schicksalsschlag, Liebeskummer oder auch positive Ereignisse wie inspirierende Gespräche oder das Lesen von Büchern über den Sinn des Lebens. Dieser Prozess ist einzigartig für jeden Menschen, aber er führt uns alle zu einer tieferen Verbindung mit uns selbst und dem Universum.

Es ist wichtig, dass die Menschheit endlich aus ihrem Tiefschlaf erwacht. Warum? Weil wir die Erde zu einem besseren Ort machen müssen. Wir sollten an die nächste Generation denken! Doch dazu müssen wir Verantwortung für unser Handeln übernehmen. Unser Planet leidet unter der Zerstörung durch Kriege, Ressourcenplünderung und Umweltverschmutzung. Manche glauben, die Erde sei unzerstörbar, aber wir steuern auf eine Katastrophe zu, wenn wir so weitermachen. Nur mit einem *höheren Bewusstsein* werden wir in der Lage sein, ein „Wir-Bewusstsein" zu schaffen und zu verstehen, dass alles miteinander verbunden ist – Menschen, Tiere und Natur. Wir sind eine Einheit!

Viele Menschen meiden auch das *Thema Tod*, aus Angst vor dem Ungewissen. Sie denken, es gibt keine Antworten darauf, weil niemand jemals aus dem Jenseits zurückgekehrt sei. Doch das ist ein Irrtum. Wir müssen nicht bis zum Lebensende warten, um das *Geheimnis des Todes* zu verstehen. Ich verspreche dir, liebe(r) Leser(in), dass du am Ende dieses Buches weniger Angst vor dem Lebensende haben wirst, denn der Tod ist in Wahrheit nur ein Übergang, ein Weitergehen.

Ich würde sagen, dass ***mein spirituelles Erwachen*** die verrückteste, schönste und gleichzeitig herausforderndste Zeit meines Lebens war. Denn nach dieser Transformation ist man nicht mehr derselbe Mensch. Mein Blick auf das Leben hat sich grundlegend verändert, und ich begann zu realisieren, dass unser Leben nur *eine Illusion* ist. Die Welt, wie wir sie kennen, ist nicht, was sie scheint. Es gibt so viele Geheimnisse, die noch im Verborgenen liegen.

Durch mein Erwachen habe ich unzählige Bücher gelesen, Podcasts gehört, eigene Erfahrungen gemacht und Kontakt mit der geistigen Welt aufgenommen. All das Wissen möchte ich nun mit dir teilen, dich inspirieren und dir helfen, dein *wahres Selbst* zu entdecken. Das, was du in den folgenden Seiten findest, nenne ich das ***„Geheimnis der Menschheit"***.

WIE ALLES BEGANN

„3 ... 2 ... 1 ... Frohes Neues!", höre ich die Rufe der anderen um mich herum. Wir umarmen uns fröhlich und stoßen mit unseren Gläsern an. Der erste Tag des neuen Jahres ist gekommen, und der Himmel erstrahlt in einem zauberhaften Farbenmeer.

Ich stehe mit meinen Liebsten an einem malerischen Aussichtspunkt, umgeben von weiten Feldern und Wiesen. Ein kalter Wind weht durch mein Haar. Es ist ein frostiger Tag, aber der Blick auf die umliegenden Dörfer und das funkelnde Silvesterfeuerwerk ist einfach magisch. Im Hintergrund ertönen die sanften Klänge der Kirchenglocken aus dem Tal.

Ich nehme einen Schluck aus meinem Sektglas und frage mich: Was wird mich im *diesem Jahr* erwarten? Mein Blick schweift zurück zu den Ereignissen des letzten Jahres. Ein schmerzlicher Gedanke durchzieht meinen Kopf: Er hat sich nicht mehr gemeldet. Er hat mich verlassen! Ja, das letzte Jahr war turbulent, besonders in der Liebe.

Ich hätte damals nie für möglich gehalten, dass sich im diesem Jahr alles verändern würde. Hätte mir jemand gesagt, dass mein Liebeskummer und dieser Mann bald mein kleinstes Problem sein würden, dass ich *ein spirituelles Erwachen* erleben und mein gesamtes Leben, meine Denkweise und meine Prioritäten sich um 180 Grad drehen würden, hätte ich nur gefragt: *Spirituelles Erwachen? Was soll das sein?* Doch das sollte sich bald ändern – ich würde lernen, meinen Geistführer kennenzulernen, meine Hellsinne zu aktivieren, mit Verstorbenen zu kommunizieren und sogar Astralreisen zu unternehmen. Wie gut, dass ich zu diesem Zeitpunkt keine Wahrsagerin aufgesucht hatte – diese Prophezeiung hätte mich wahrscheinlich völlig aus der Fassung gebracht!

Bis zu diesem Zeitpunkt war ich eine ganz normale 29-jährige Frau ohne jegliche übersinnliche Kräfte, und mit Esoterik hatte ich tatsächlich nicht viel am Hut. Ich wuchs in einem kleinen Städtchen in Norddeutschland auf. Nach meinem Schulabschluss ging ich als Au-pair nach Texas und danach begann ich eine Ausbildung zur Bürokauffrau. Doch irgendwann langweilte mich der Job, und ich bewarb mich als Flugbegleiterin. Zu meiner Überraschung bestand ich das strikte Aufnahmeverfahren und wurde eingestellt.

Von da an reiste ich zu den größten Metropolen und den schönsten Stränden der Welt und durfte viele neue Eindrücke sammeln. Das war auch der Zeitpunkt, an dem ich erstmals begann, meinen eigenen Glauben zu hinterfragen. Ich wurde von meinen Eltern sehr streng katholisch erzogen, und in meiner Kindheit gingen wir an den Sonntagen immer gemeinsam in die Kirche. Doch die Gottesdienste und der Kirchengesang hatten mir schon damals nicht sonderlich gefallen, sodass ich als junge Erwachsene, wenn überhaupt, nur noch an Feiertagen in die Messe ging.

Jetzt war ich auf einmal viel in der Welt unterwegs, und es war nicht zu übersehen, dass die Religionen unterschiedlicher nicht sein konnten, da jeder nach anderen Regeln lebte. Wie war das möglich? Wer lebte und glaubte nun richtig? Von da an nahm ich etwas Abstand davon. Ich glaubte zwar weiterhin an *einen Gott,* aber meiner Meinung nach konnte etwas an den Weltreligionen nicht stimmen.

***

Ein paar Wochen nach der Silvesterfeier fiel mir zufällig ein Buch über **Wiedergeburt** in die Hände. Es berichtete von Kindern und Erwachsenen, die sich an ihr vorheriges Leben erinnern konnten. Das faszinierte mich und weckte den Wunsch, mehr darüber zu erfahren. Zum ersten Mal begann ich mich ernsthaft zu fragen, ob es vielleicht ein Leben nach dem Tod gab. Es folgten weitere Bücher und Berichte über Tod und Wiedergeburt. Und als ich eine Dokumentation über *Rückführungen in frühere Leben* im Fernsehen sah, war ich endgültig gefesselt.

Was ist eine Rückführung?
Bei einer Rückführung wird man in einen Zustand tiefer Entspannung versetzt. In diesem Zustand übernimmt die Seele und führt einen zu wichtigen Szenen aus

früheren Leben, die für das aktuelle Leben von Bedeutung sind. Oft erscheinen diese Szenen wie ein Film, den man aus der Zuschauerperspektive wahrnimmt, aber die Emotionen werden so intensiv erlebt, als ob man sie gerade selbst durchlebt.

Ich war beeindruckt, als ich sah, wie Teilnehmer in Hypnose versetzt wurden und sogar ihren Namen, den Ort und das Jahr aus ihrem früheren Leben benennen konnten. Der Hypnotiseur stellte ihnen viele Fragen, und die Berichte über ihre Erlebnisse waren absolut faszinierend.

In einer weiteren Folge reisten die Teilnehmer mit einem Kamerateam an die Orte, die sie in ihrer Hypnose genannt hatten. Die Überraschung war groß, als sie sich an Orten wiederfanden, an denen sie in ihrem jetzigen Leben noch nie gewesen waren. Einige fühlten sich dort sofort zu Hause, und manche konnten ihre Emotionen nicht zurückhalten, als alte Erinnerungen hochkamen. „Ich war schon einmal hier!", hörte man immer wieder.

Meine Neugier war entfacht! Ich wollte das auch erleben und begann, mich über Rückführungen zu informieren. Leider war ich enttäuscht, als ich feststellte, dass solche Hypnosesitzungen sehr teuer waren. Also entschloss ich mich, zunächst eine andere Methode auszuprobieren: Ich testete Audiodateien, die Rückführungen in tiefe Entspannung anboten. Immerhin ist Hypnose nichts anderes als eine tiefe Entspannung, verstärkt durch die Suggestionen des Hypnotiseurs.

„Sie gehen jetzt durch diese Tür und betreten Ihr vorheriges Leben!", hörte ich eine männliche Stimme. Ich war gespannt, was passieren würde. Zunächst sah ich nur vereinzelt Bilder, die ich nicht richtig einordnen konnte. Ich dachte, es sei nur meine Fantasie. Doch ich sollte mich irren!

Später erfuhr ich, dass diese ersten Bilder tatsächlich bedeutungsvoll waren. Ich erinnere mich an das Gesicht eines alten Mannes – ungefähr 70 Jahre alt, mit einem langen Bart. Tränen liefen mir über die Wangen. Ich wusste nicht, was mit mir geschah, doch später stellte sich heraus, dass es mein Uropa aus einem früheren Leben war, zu dem ich anscheinend eine enge Beziehung hatte.

Ein anderes Mal sah ich ein junges Mädchen an einem Brunnen. Sie trug Holzschuhe und ein einfaches Kleid, wie man es aus Holland kennt, und sie hielt einen Eimer. Anfangs dachte ich, es sei ein Leben, das ich in Holland verbracht hatte. Doch ich lag falsch – dieses Mädchen war meine große Liebe aus diesem Leben.

Ich kann jedem nur raten, solche Visionen und Erlebnisse schriftlich festzuhalten. Manchmal ergibt sich die Bedeutung erst viel später.

Wenn mich jemand nach dem *Ursprung meines spiri-tuellen Erwachens* fragt, würde meine Antwort eindeutig lauten: „*Eine Meditation mit binauraler Musik.*" Es war ein übernatürliches Erlebnis, das ich nie für möglich gehalten hätte. Plötzlich war nichts mehr wie zuvor, und ich begann, mein Leben und die gesamte Existenz zu hinterfragen.

Rückblick:
Ich lasse mich sanft auf die weiche Matratze meines Bettes fallen. Endlich Feierabend! Ein zufriedenes Lächeln breitet sich auf meinem Gesicht aus, während ich die angenehme Wärme der Heizung im Hintergrund spüre. Heute möchte ich eine längere Meditation ausprobieren. Die Überschrift lautet: „Drittes Auge öffnen".

Das *dritte Auge* befindet sich übrigens direkt oberhalb der Augenbrauen, in der Mitte der Stirn. Es heißt, wenn es geöffnet wird, kann man Dinge erleben und wahrnehmen, die man vorher nicht für möglich gehalten hätte. Meditationen, besonders solche mit binauralen Beats, sollen dabei sehr hilfreich sein.

Was sind binaurale Beats?
Binaurale Musik ist eine Klangillusion, bei der jedes Ohr einen Ton in einer unterschiedlichen Frequenz hört. Dies ist nur mit Kopfhörern möglich. Die Musik ist meist harmonisch und enthält oft beruhigende Geräusche wie Meeresrauschen. Langsam bringt sie den Zuhörer in einen veränderten Bewusstseinszustand und

führt ihn am Ende der Session sanft wieder zurück. Für mich ist diese Musik magisch, denn selbst als Anfänger kann man so eine tiefgehende Entspannung erleben, die für spirituelle Erlebnisse erforderlich ist.

Inzwischen gibt es zahlreiche Studien, die belegen, dass binaurale Beats kognitive Fähigkeiten verbessern können, wie etwa das Erinnerungsvermögen und die Konzentration. Darüber hinaus soll diese Musik auch helfen, Stress abzubauen und Ängste oder Depressionen zu lindern. Jede Frequenz hat ihre eigene Wirkung, sodass man sogar das dritte Auge öffnen kann, indem man sein Bewusstsein auf einen bestimmten Zustand einstellt.

Ich schließe meine Augen. Die Dunkelheit umhüllt mich, und ich lausche den ruhigen Klängen. Inzwischen habe ich auch ein persönliches Triggerwort entwickelt, das mir hilft, mich schnell zu entspannen: *„Schlaf jetzt!"* Dieses Wort benutze ich in Kombination mit der Musik, um mich noch schneller in einen Zustand der Tiefenentspannung zu versetzen. Es ist faszinierend, wie sich diese Technik im Laufe der Zeit mit meiner inneren Ruhe verknüpft hat. Es ist eine Technik aus dem NLP (Neuro-Linguistisches Programmieren), bei der ein bestimmtes Wort oder eine Phrase mit einem Gefühl verbunden wird. Ähnlich wie bei einem Lieblingssong, der sofort gute Laune auslöst, kann dieses Wort eine sofortige Reaktion hervorrufen.

Mit der Zeit verschwinden alle Gedanken aus meinem Kopf, wie Seifenblasen, und ich tauche ein in einen Zustand des „SEINs". Einfach nur existieren. Keine Gedanken, keine Sorgen – nur das Gefühl des Seins. Bald beginnen vor meinen geschlossenen Augen lilafarbene Punkte zu tanzen. Sie nähern sich mir, werden größer und lösen sich dann wieder auf. Manchmal bewegen sie sich auch in die entgegengesetzte Richtung. Es ist das erste Mal, dass ich solch ein Farbenspiel während einer Meditation wahrnehme. Ich bin fasziniert, aber zugleich weiß ich, dass dies nur ein Zeichen tiefer Entspannung ist.

Doch plötzlich spüre ich eine angenehme Wärme auf meinem Scheitel, als ob die Sonne darauf scheinen würde. Obwohl meine Augen geschlossen sind, sehe ich ein grelles Licht auf meinem Scheitel, dort, wo sich das *Kronchakra* befindet. Es ist ein wohltuendes, heilendes Licht, das mich mit einer tiefen Ruhe erfüllt.

Was ist das Kronchakra?
Es gibt insgesamt sieben Chakren im menschlichen Körper, die entlang der Wirbelsäule verlaufen und als Energiezentren fungieren. Diese Chakren sind jedoch nicht physisch in unserem Körper verankert, sondern in unserer Seele. Das Kronchakra, das siebte Chakra, befindet sich am höchsten Punkt des Kopfes, an der Schädeldecke. Es wird auch als der „Tausendblättrige Lotus" bezeichnet und gilt als das Tor zum Universum und einem höheren Bewusstsein – jedoch nur, wenn die Energie durch alle anderen Chakren hindurch fließen kann.

Das Licht am Kronchakra beginnt zu wandern. Ich nehme es nun mehr seitlich wahr, bis es vor meinen geschlossenen Augen in der Ferne auftaucht. Ich bin wach, schlafe nicht – ich nehme sogar das Gehupe eines Autos auf der Straße wahr.

Das Licht sieht tatsächlich aus wie die Sonne und strahlt eine angenehme Wärme aus. Doch es ist noch mehr als das: Es strahlt eine reine, bedingungslose Liebe aus. Ein Gefühl der Verbundenheit und Liebe durchflutet mich. Es ist so intensiv, dass mir vor Glück Tränen über die Wangen laufen. In diesem Moment habe ich das Gefühl, die Anwesenheit von jemandem zu spüren. Aber wer oder was ist dieses Licht?

Vielleicht meine verstorbene Großmutter? Oder ein göttliches Wesen? Ein Engel? Oder ist es das Göttliche selbst, das mich erreicht? In meinem Inneren weiß ich einfach, dass dieses Licht etwas ist, das ich liebe, dass ich vertraue. Es fühlt sich an, als ob ich es kenne, aber ich habe keinerlei Erinnerungen, die dies erklären könnten.

Das Licht bewegt sich auf mich zu, wird größer und noch heller. Ich spüre eine unbeschreibliche Ehrfurcht, als es immer näher kommt. Und plötzlich weiß ich: Es ist ein göttliches Wesen – ein Engel, oder vielleicht mein Schöpfer. *In diesem Moment fühle ich es mit jeder Faser meines Seins.* Ich spüre es, ohne Zweifel. Es ist meine Heimat, das Gefühl, „dorthin zu gehören", von wo alles ursprünglich kam. Mit einem Mal taucht das Licht in mich ein. Ich bin es. Ich bin das Licht. Ich bin Teil des Göttlichen, des Großen und Ganzen.

Fazit:

Ich wusste sofort, dass dies keine Einbildung oder ein Traum war. Die Liebe, die ich fühlte, war so rein und intensiv, dass sie alles übertraf, was ich bisher in meinem Leben erlebt hatte. Und das ist kein Ausdruck von mangelnder Liebe meiner Familie – ganz im Gegenteil! Ich werde von wunderbaren Menschen umgeben, die mich lieben. Aber was sich mir in dieser Meditation offenbarte, war eine andere Dimension der Liebe, eine universelle, bedingungslose Liebe, die über alles hinausgeht.

Es dauerte Monate, bis ich die Bedeutung dieses Lichts wirklich verstand. Heute aber weiß ich, was es mir sagen wollte, und ich freue mich, diese Erkenntnisse mit dir zu teilen.

UNSERE SEELE

Wer oder was sind wir? Woher kommen wir? Warum haben wir alles vergessen? Diese Fragen stellen wir uns oft ohne es direkt auszusprechen. Doch es ist wichtig, sich bewusst zu machen, dass wir nicht einfach Menschen mit einer Seele sind – wir sind die Seele, die vorübergehend in einem menschlichen Körper lebt.

Wer oder was ist Gott?
Gott ist keine Person, die auf einer Wolke sitzt. Vielmehr ist Gott eine allumfassende Energiequelle. Viele suchen Gott im Außen, doch wir sollten verstehen, dass wir ein Teil von ihm sind. Wir tragen das Göttliche in uns. Deshalb macht es wenig Sinn, außerhalb von uns nach Gott zu suchen. Wenn wir uns mit *unserem Inneren* verbinden, finden wir Gott.

Wie entstand unsere Seele?
Ursprünglich waren wir nur ein einziges Atom, erschaffen von Gott. Im Laufe der Zeit entwickelten wir uns zum Licht. Doch wir waren noch kein eigenständiges Wesen, bis wir eines Tages zum ersten Mal in einem menschlichen Körper inkarnierten. Dieser Prozess der Entwicklung führte uns zu unserer heutigen menschlichen Seele und markiert den Beginn unserer Reise auf der Erde

Unser Körper:

Der Körper ist das Fahrzeug der Seele. Wir sollten uns gut um unseren Körper kümmern, denn er bietet uns auf der Erde vorübergehend ein Zuhause und ist ein Geschenk der Mutter Erde. Wie Teresa von Avila sagte: „Tu Deinem Leib Gutes, damit Deine Seele Lust hat, darin zu wohnen."

Wenn die Seele den Körper verlässt, wird dieser wieder zu Staub und kehrt in seine ursprüngliche Form zurück.

Wiedergeburt und Reinkarnation:

Die Wiedergeburt ist Teil eines fortwährenden Kreislaufs. Unsere Seele hat in vergangenen Leben viele Erfahrungen gemacht, doch wir erinnern uns aufgrund des *Schleiers des Vergessens* nicht daran. Dieser Schleier lässt uns glauben, wir betraten eine Welt der Trennung, obwohl dies nur eine Illusion ist.

Was ist ein Seelenaspekt und eine Vollseele?

Unsere aktuelle Persönlichkeit, der Seelenaspekt, ist ein Teil unserer Vollseele. Während der Seelenaspekt inkarniert, bleibt die Vollseele in der geistigen Welt. Die Vollseele ist unsere wahre Identität. Man kann sie sich wie eine Frucht vorstellen: Die Vollseele ist die Frucht selbst, während die Seelenaspekte die Kerne darstellen. Diese Seelenaspekte nehmen immer wieder neue Inkarnationen an und vergessen jedes Mal, wer sie wirklich sind.

Die Vollseele bleibt immer dieselbe, während der Seelenaspekt in verschiedenen Leben unterschiedliche Rollen spielt. Wenn der Seelenaspekt in die geistige Welt zurückkehrt, verbindet er sich mit der Vollseele und erinnert sich an seine wahre Identität.

Der Schleier des Vergessens:
Der Schleier des Vergessens hat uns alles vergessen lassen und schützt uns davor, uns zu sehr an die Vergangenheit zu binden. Ohne diese „Erinnerungslücke" könnten uns die Erfahrungen aus früheren Leben überfordern. Der Schleier stellt sicher, dass wir in jedem Leben neutral starten, ohne unnötige Belastungen aus der Vergangenheit. Wir erhalten so die Chance auf einen Neuanfang, frei von alten Mustern.

Was ist unser Ziel?
Unser Ziel ist die Selbst- und Gottesverwirklichung. Es geht darum, die Liebe, die unsere *wahre Natur* ist, wieder *zu entdecken* und zu leben. Der Weg zur Erleuchtung führt über das Überwinden des Egos, das uns daran hindert, bedingungslose Liebe und Mitgefühl zu erfahren.

Unsere Inkarnationen sind sozusagen wie eine Schule für die Seele, in der wir wachsen, lernen und uns selbst verwirklichen können. Die Erde ist ein Ort der Veränderung und Transformation. Und wenn wir diese Reise abgeschlossen haben, erreichen wir die *Erleuchtung* – nicht durch ein Wettrennen, sondern durch den friedlichen Abschluss unserer Aufgaben.

Hierbei ist es wichtig sich mit dem Ego zu befassen:
Das Ego wird wortwörtlich als „Ich" übersetzt. Es formt sich im Laufe unseres Lebens durch die Gedanken, Erfahrungen und Emotionen, die wir durchlaufen. Diese Prägungen und die daraus resultierenden Glaubenssätze bilden die Basis für das, was wir als unser Ego verstehen. Das Ego ist gewissermaßen unser *Selbstbild*, das sich aus der Art und Weise zusammensetzt, wie wir uns selbst wahrnehmen, und es hat einen tiefgreifenden Einfluss darauf, wie wir uns und unsere Umgebung erleben.

Das Ego wird oft auch als eine sehr mächtige Kraft beschrieben. Es ist die innere Stimme, die uns ständig einflößt, dass *wir besser sein müssen als andere*, dass wir mehr erreichen müssen, um uns selbst und anderen etwas wert zu sein. Es strebt nach Bestätigung, Anerkennung und sozialer Akzeptanz. Wir fühlen uns wertvoll und sicher, wenn wir von anderen anerkannt werden und wenn unser Selbstbild durch äußere Erfolge oder Bestätigungen gestützt wird.

In der heutigen Gesellschaft bedeutet das oft, dass wir unseren *eigenen Wert von äußeren Aspekten wie dem Beruf, dem Titel, dem Besitz oder dem sozialen Status abhängig machen.* Es reicht nicht, einfach zu sein, wer wir sind. Wir glauben, dass wir etwas haben oder erreichen müssen, um „wertvoll" zu sein. Es wird dann zu einem ständigen Streben nach „mehr", sei es in Form von:
„Ich bin Manager."

„Ich habe einen Doktortitel."
„Mein Pool. Mein Cabrio. Meine Villa!"

Doch diese Identifikation mit äußeren Faktoren und gesellschaftlichen Statussymbolen führt zu einem falschen Selbstbild. Der Beruf, den wir ausüben, sagt nichts darüber aus, wer wir als Menschen wirklich sind. Manager mag ein anspruchsvoller Beruf sein, aber er definiert nicht den wahren Wert einer Person. Der Besitz von materiellen Dingen – seien es Häuser, Autos oder andere Statussymbole – macht uns nicht mehr oder weniger wertvoll als andere Menschen. Diese Selbstidentifikation mit Äußeren ist der falsche Weg, uns zu definieren.

Es ist daher von entscheidender Bedeutung, dass wir beginnen, unser Denken und unsere Wahrnehmung zu hinterfragen. Wir müssen uns ernsthaft fragen, wer wir wirklich sind, jenseits von all dem, was uns im Außen zugeordnet wird. Wer bin ich, wenn ich keinen Berufstitel, kein Prestige und keinen Besitz mehr hätte? Wer wäre ich, wenn alles, was mich in der Gesellschaft definiert, plötzlich wegfallen würde? Diese Fragen führen uns auf den Weg, uns von den Begrenzungen des Egos zu befreien und die wahre Essenz unseres Selbst zu entdecken.

Das Ego und die negativen Glaubenssätze
Oft spricht das Ego auch in Form von negativen Glaubenssätzen, die uns einflößen, dass wir nicht genug

sind. Es flüstert uns Sätze zu wie: „Du bist nicht gut genug. Du wirst nicht geliebt. Du kannst nichts erreichen." Besonders in Momenten der Verletzlichkeit, sei es durch berufliche Misserfolge, persönliche Rückschläge oder Kritik, kann das Ego die Oberhand gewinnen und unser Selbstwertgefühl angreifen. Wenn das Ego sich bedroht fühlt – durch einen Verlust des Status, Anerkennung oder durch Enttäuschungen – führt das zu inneren Konflikten und einem Gefühl der Selbstwertlosigkeit.

Doch hier liegt eine tiefgehende Wahrheit: Wir sind nicht unsere Gedanken. Die negativen Gedanken und Glaubenssätze, die uns das Ego zuflüstert, spiegeln nicht die Realität wider. Sie sind lediglich Gedanken, die entstehen, wenn wir uns zu sehr mit dem Ego identifizieren. Sobald wir beginnen zu begreifen, dass es das Ego ist, das uns diese Gedanken einflößt, können wir damit anfangen, bewusst dagegen anzukämpfen und diese Gedanken zu hinterfragen.

Das Wichtigste ist, dass wir uns *nicht* mit diesen negativen Gedanken identifizieren. Es sind nur Gedanken! Sie spiegeln nicht unsere wahre Essenz wider, und sie definieren nicht, wer wir wirklich sind. Das ist der Moment, in dem wir das Ego liebevoll annehmen können, ohne ihm die Macht zu geben, unser Leben zu kontrollieren. Indem wir erkennen, dass das Ego nur ein Teil von uns ist und nicht unser wahres Selbst, können wir beginnen, die Kontrolle zurückzugewinnen.

Der erste Schritt, um zu unserem wahren Selbst zu gelangen, ist oft der Übergang in die Beobachterrolle. Wir beginnen, uns selbst und unsere Gedanken bewusst zu beobachten, ohne uns mit ihnen zu identifizieren. Indem wir unsere *Gedanken wahrnehmen und reflektieren,* erkennen wir, dass wir nicht die Gedanken sind, die uns durch den Kopf gehen. Diese Einsicht öffnet den Raum für Selbstreflexion und Selbstbewusstsein.

Wenn wir uns von der Identifikation mit dem Ego lösen und unsere Gedanken bewusst reflektieren, kann unser inneres Leiden allmählich verschwinden. Anstelle von Angst, Unsicherheit und Selbstkritik kehrt innerer Frieden ein. Wir erkennen, dass wir nicht von äußeren Faktoren abhängig sind, um uns selbst zu definieren oder unseren Wert zu bestimmen. Unser wahres Selbst ist immer präsent, unabhängig von den äußeren Umständen oder der Bestätigung, die wir von anderen erhalten.

Das Ego und die Manipulation
Ein weiterer wichtiger Punkt ist, dass wir uns bewusst machen müssen, dass das Ego nicht nur in uns selbst aktiv ist, sondern auch das Verhalten anderer Menschen beeinflussen kann. Menschen, die zu sehr in ihrem Ego leben, ***denken oft nur an sich selbst***. Sie streben nach Macht, Kontrolle, Status und Anerkennung, ohne Rücksicht auf andere. In solchen Fällen kann das Ego zu Manipulation, Betrug und Ausbeutung führen. Diese Menschen handeln oft im Interesse ihres eigenen Vorteils und nehmen die Bedürfnisse und das Wohl anderer nicht in Betracht.

Wenn wir jedoch den Weg gehen, uns von unserem Ego zu lösen und zu unserem wahren Selbst zu finden, handeln wir mit Mitgefühl, Ehrlichkeit und Authentizität.

***

Junge und alte Seelen:
Jeder von uns hat eine einzigartige Lebensaufgabe, die sich je nach *Seelenalter* und Erfahrung unterscheidet. Es gibt junge und alte Seelen, und jeder von uns ist auf einem unterschiedlichen Entwicklungsweg. Die Merkmale einer alten Seele umfassen Mitgefühl, Empathie und eine tiefere Weisheit, während junge Seelen oft auf Erfolg und Macht ausgerichtet sind. Doch beide haben ihren Platz und Wert im göttlichen Plan.

Was sind die Merkmale einer jungen oder alten Seele?
Merkmale einer *alten Seele* sind viel Mitgefühl und Empathie. Ihre Hilfsbereitschaft ist grenzenlos (auch im Job), denn das ist es, was sie erfüllt. Manchmal leiden sie auch am Helfer-Syndrom und werden dabei ausgenutzt. Sie strahlen eine gewisse Ruhe aus und besitzen eine angenehme Aura, sodass sich Menschen ihnen gegenüber schnell öffnen können. Zugleich haben sie ein Bedürfnis nach Allein-Sein. Alte Seelen genießen es, Zeit für sich zu haben, und fühlen sich dabei selten einsam. Allgemein sind sie etwas ruhiger, manchmal auch Einzelgänger und haben eher wenige, aber dafür sehr enge Freunde. Sie sind außerdem keine Freunde von oberflächlichem Smalltalk und bevorzugen tiefgründige

Gespräche. Sie hinterfragen viel, sind sehr nachdenklich und fühlen sich manchmal unverstanden, da sie anders denken als junge Seelen. Außerdem verfügen sie über eine tiefe Gewissheit, dass es mehr gibt als die materielle Welt.

Junge Seelen haben weniger Lebenserfahrungen und es geht ihnen mehr darum, zu siegen. Sie streben nach Macht und Anerkennung und definieren sich über materiellen Reichtum. Dabei liegt ihr Fokus auf ihrem eigenen Leben, denn ihr Ziel ist es, erfolgreich zu werden und besser als die anderen zu sein. Junge Seelen stecken noch voller Energie, Neugier und Tatendrang und gehören oftmals zur Gruppe der Workaholics. Dafür können sie wiederum weniger ausgeglichen erscheinen und machen mit Sicherheit mehr Fehler als alte Seelen.

Das ist vergleichbar mit einem Kleinkind, das gerade seine ersten Schritte macht und die Welt entdeckt. Jeder fängt mal klein an, und so geht es auch jungen Seelen. Sie müssen sich erst noch einleben und zurechtfinden. Aber wir sind hier, um Erfahrungen zu sammeln und auch um Fehler zu machen, denn Fehler sind dazu da, um daraus zu lernen. Daher gibt es hierbei kein „besser" oder „schlechter". Wir sind alle gleich wertvoll!

Vergleiche dich nicht mit anderen!

***

Wie schnell muss man wieder inkarnieren?

Im Durchschnitt dauert es 2 bis 300 Jahre, in seltenen Fällen sogar bis zu 1000 Jahre. Wir bilden uns übrigens auch in der geistigen Welt weiter, indem wir uns mit unseren Schattenseiten und Schwächen aus dem letzten Leben beschäftigen und diese aufarbeiten. Wir dürfen uns dafür Zeit nehmen, es besteht kein Zeitdruck! Trotzdem inkarnieren junge Seelen oftmals schneller wieder als alte Seelen.

Einige möchten zunächst auf ihre Angehörigen aus mehreren Generationen warten, um sie in der geistigen Welt empfangen zu können, bevor sie ihr nächstes Abenteuer starten.

Warum inkarnieren wir immer wieder freiwillig, wenn wir doch teils traumatische Erfahrungen erlebt haben?

Das Gleiche könnte man Mütter fragen, die ein Kind gebären, dessen Geburt mit Komplikationen und höllischen Schmerzen verbunden war – die darauffolgenden schlaflosen Nächte nicht zu vergessen. Da würde man doch meinen, dass sie kein zweites Kind bekommen werden. Im Sinne von: „So etwas tut man sich kein zweites Mal an!" Doch die meisten bekommen ein zweites oder sogar mehrere Kinder, denn man vergisst schlichtweg, wie schmerzhaft die Geburt war, und die positiven Erinnerungen überwiegen die negativen. Sei es die unglaubliche Freude darüber, als man sein Kind zum ersten Mal im Arm hielt, oder die tiefe Liebe, die man dabei spüren durfte.

So ähnlich ist es auch, wenn wir zurück in der geistigen Welt sind. „Ach, das war auf der Erde schon ein tolles Abenteuer!" werden die meisten sagen, und man erinnert sich immer gerne an die Highlights aus dem letzten Leben. Außerdem wollen wir in unserer Entwicklung als Seele vorankommen.

Manche Menschen glauben nicht an die Wiedergeburt oder haben Angst vor einer weiteren Existenz und wollen nicht wiedergeboren werden. Da hilft es meiner Meinung nach, die Perspektive zu wechseln. Denn meiner Ansicht nach bringt es viel mehr Leichtigkeit ins Leben, wenn man nicht den Druck verspürt, alles in diesem einen Leben schaffen und erreichen zu müssen!

Ich habe z. B. in meinem jetzigen Leben keine Kinder, aber ich finde es auch nicht schlimm, da ich weiß, dass ich in meinen vorherigen Leben schon einmal Mama war. Doch wenn wir unsere Existenz von diesem einen Leben abhängig machen, wundert es mich nicht, dass viele gestresst durchs Leben hetzen, besonders wenn sie sich nach den gesellschaftlichen Richtlinien richten. Sie wollen alles auf einmal: Karriere, Kinder, einen durchtrainierten Körper, ein extravagantes Haus, Mr. oder Mrs. Perfekt, teure Reisen usw. Alles muss perfekt sein! Hm... da ist es doch eigentlich kein Wunder, dass wir in einer materiellen Welt aus Neid und Missgunst leben. Das Leben ist zu einem Konkurrenzkampf geworden. Wer hat mehr? Wer hat das bessere Auto? Wer ist beruflich erfolgreicher? Wer hat den perfekten Mann oder die perfekte Frau? Da stellt sich mir die Frage, ob man sich überhaupt noch für seine Mitmenschen freuen kann?

Meiner Meinung nach wird es dadurch auch viel schwieriger, mit Niederlagen im Leben umzugehen, wie z. B. einer Trennung oder einem Jobverlust. Puh... da hat man schon nur das eine Leben und dann passiert auch noch so etwas! – könnte man da denken, als hätte man seine einzige Chance gerade vermasselt und komplett versagt.

Dabei mag es geplant sein und ein Teil des Seelenplans darstellen. Um dies besser verstehen zu können, geht es im nächsten Kapitel um *unsere Seelenaufgabe auf der Erde*.

DER SEELENPLAN

Jeder Mensch hat einen einzigartigen *Seelenplan,* der vor seiner Inkarnation auf der Erde in der geistigen Welt festgelegt wurde. Dieser Plan ist ein Zusammenspiel aus den Erfahrungen und Erlebnissen aus vorherigen Leben und der Frage: *Was möchte ich diesmal lernen? Was fehlt mir noch?*

Im Rahmen eines spirituellen Planungsgesprächs wählen wir den Zeitpunkt unserer nächsten Inkarnation und treffen die Entscheidung, in welchem Umfeld wir unsere Lektionen lernen wollen. Diese Wahl umfasst auch die Wahl unserer Eltern. In einigen Fällen mag die Entscheidung, zu einer bestimmten Familie zu gehören, für uns als Mensch schwer verständlich erscheinen. So kann es geschehen, dass wir uns bewusst für eine Familie entscheiden, bei der Konflikte vorprogrammiert sind. Doch diese Konflikte sind genau das, was uns helfen kann, unser Lebensziel zu erreichen, da Wachstum oft nur dann entsteht, wenn wir an unsere Grenzen stoßen.

Außerdem wählen wir den Ort, an dem wir diese Lektion lernen wollen. Unsere Seelenrichtung richtet sich danach, wo wir am besten unsere Aufgabe erfüllen können. Viele Begegnungen und Beziehungen in unserem

Leben wurden ebenfalls in der geistigen Welt verabredet. Das bedeutet, dass wir nicht nach „Mr. Right" suchen müssen – wenn der Zeitpunkt reif ist, wird diese Person in unser Leben treten. Es gibt keine Zufälle.

Unser Todestag ist nicht von vornherein festgelegt. Das Leben ist voller Möglichkeiten und jede Entscheidung, die wir treffen, führt uns auf einen anderen Weg, dessen Ausgang ungewiss ist. Man kann sich das Leben wie einen Baum mit vielen Ästen vorstellen. Jeder Ast zeigt in eine andere Richtung, und je nachdem, welchen Weg wir wählen, kommen wir an ein anderes Ende.

Heilung und Wachstum durch die Seelenaufgabe

Wir sind hier, um zu heilen – oft sind es alte Blockaden und Begrenzungen, die wir aus früheren Leben mitgebracht haben. Unsere Aufgabe besteht dann darin, diese Begrenzungen zu erkennen und loszulassen.

Ein Beispiel eines Seelenplans: Tina, 30 Jahre

In einem ihrer letzten Leben in Italien im Jahr 1435, wurde sie während der Hexenjagd aufgrund ihres Mutes und ihrer offenen Sprache auf grausamste Weise verbrannt. Als einfache Bäuerin hatte sie einen hochrangigen Adeligen beschimpft, weil er mit seinem Pferd ihre Ernte zerstörte. Sie lebte am Existenzminimum und musste ihre fünf Kinder alleine versorgen, nachdem ihr Mann verstorben war. Ihre direkte, ungefilterte Art führte schließlich dazu, dass sie der Hexerei bezichtigt und verbrannt wurde.

Die Resonanz, die sie aus diesem Leben in ihr heutiges Leben mitnahm, war eine tiefe Blockade in Bezug auf das, was sie sage. Sie lernte, vorsichtiger mit ihren Worten zu sein und nicht zu viel zu sprechen. Deshalb mag sie in diesem Leben auch eher schüchtern und etwas zurückhaltender sein. Tina steht nicht gerne im Vordergrund.

In ihrem jetzigen Leben hatte sie zu Beginn auch Schwierigkeiten, sich auszudrücken. Sie war ein Kind, das spät zu sprechen begann und auch sprachliche Hürden hatte. Das ist wohl ein Teil ihres Traumas aus dem vorherigen Leben.

Besonders interessant ist, dass sie sich als Kind für Bücher über die Hexenjagden begeisterte, obwohl sie ansonsten kein großes Interesse an Literatur hatte. Von daher scheint es kein Zufall gewesen zu sein, dass diese Bücher ihr Interesse weckten.

Die Botschaft ihrer Seele an sie war: "Liebe Tina, es geht nun darum, diese Blockade loszulassen. Das Schicksal, das du damals erlebtest, hat eine tiefe Verankerung hinterlassen: *Sei vorsichtig mit dem, was du sagst. Es wäre besser, gar nichts zu sagen.*" Damit konnte sich Tina identifizieren. Jetzt wusste sie endlich, warum sie so war, wie sie war. Jetzt machte alles Sinn.

Der Seelenplan für dieses Leben ist es, die Balance wiederherzustellen – dieses Ungleichgewicht auszugleichen und die Harmonie zu finden. Indem sie selbstbewusster wird und sich der Welt zeigt, wie sie ist. Sie soll sich nicht mehr verstecken. Sondern für sich einstehen und ihre Stimme erheben.

Jetzt darf sie in einem Land leben, in dem sie frei sprechen kann, ohne Angst vor Verurteilung oder Bestrafung. Die Freiheit, ihre Gedanken auszusprechen, wurde bewusst gewählt, um ihre Lektion des Ausdrucks zu lernen.

***

Das Leben als Chance zum Wachstum
Manche Seelen entscheiden sich für ein besonders schwieriges Leben mit vielen Herausforderungen, um in einer einzigen Inkarnation besonders viel zu lernen oder um altes Karma auszugleichen. Menschen, die eine schwere Krankheit durchstehen, mit einer Behinderung leben oder Schicksalsschläge erleiden, treffen diese Entscheidungen nicht als Strafe, sondern als Gelegenheit für spirituelles Wachstum. Auch wenn der menschliche Verstand diese Entscheidung schwer nachvollziehen kann, betrachtet die Seele das Leben aus einer höheren Perspektive – als eine Chance, schneller zu wachsen.

Leben ist Veränderung.
Leben ist Wachstum.

Es gibt Menschen, die lebensbedrohliche Krankheiten überstanden haben und sagen, dass sie diese Erfahrung nicht missen möchten, weil sie eine fundamentale Wandlung durchgemacht haben. Sie haben erkannt, dass das, was im Leben wirklich zählt, nicht materielle Dinge sind, sondern menschliche Beziehungen, Liebe und Unterstützung. Die schwierige Erfahrung hat ihnen geholfen, zu einer tieferen Dankbarkeit zu gelangen.

Anbei ein Beispiel: Mit 20 Jahren erhielt Andreas eine lebensverändernde Diagnose: Krebs! Aufgrund von Metastasen musste sein rechter Unterschenkel amputiert werden.

Vor seiner Krebsdiagnose war er als Flugbegleiter tätig. Er liebte seinen Job und konnte sich nichts Schöneres vorstellen, als um die Welt zu jetten. „Würde ich jemals wieder als Flugbegleiter arbeiten können?", fragte er sich. Diese Diagnose schien ihm alles zu nehmen: nicht nur seine Mobilität, sondern auch seinen Traumjob und seine Leidenschaft. Doch er ließ sich nicht unterkriegen und kämpfte sich zurück ins Leben. Er erlebte den Support vieler lieber Menschen, die an ihn glaubten, und entwickelte dadurch einen ungeheuren Kampfgeist. Er gab die Hoffnung nicht auf und machte das Unmögliche möglich. Er durfte wieder zurück an Bord – und das sogar mit Beinprothese.

Die langen Arbeitstage und Turbulenzen an Bord mögen für ihn nun doppelt so anstrengend sein, aber er beschwert sich nie. Im Gegenteil: Er scheint sein Leben jetzt *mit so viel Leichtigkeit und Freude zu leben*, dass es regelrecht ansteckend ist. Ich würde sogar behaupten, dass er ein zufriedeneres Leben führt als viele Menschen, die im Gegensatz zu ihm noch beide Beine haben und wirklich alles besitzen, um glücklich zu sein.

Was er daraus lernen konnte und als Seele mitnehmen wird, ist, dass Lebensfreude nicht von äußeren Faktoren abhängt. ***Glücklich zu sein, ist vielmehr eine Entscheidung, eine innere Haltung.*** Es geht dabei viel um Dankbarkeit und Achtsamkeit.

✳✳✳

<u>Ist jede Krankheit ein Teil des Seelenplans?</u>
Nein, denn es kann genauso gut ein Warnzeichen des Körpers sein, dass dieser Ruhe braucht – wie die typischen Vorzeichen für ein Burn-out.

Manchmal sind es auch unsere negativen Gedanken, wie Frust, Wut oder Ärger, die wir einfach runterschlucken, die uns letztendlich krank machen. Dadurch wird unsere Immunabwehr geschwächt und es kommt zu einer vermehrten Ausschüttung des Stresshormons Cortisol. Daraus können unter anderem Allergien und andere ernstzunehmenden Krankheiten entstehen.

Es kann genauso gut vorkommen, dass Unfälle passieren, die nicht Teil des Seelenplans sind. Als ich mit fünf Jahren eine Treppe heruntergestürzt bin und mir dabei den Arm gebrochen habe, war das nicht Teil meines Seelenplans, sondern lag daran, dass ich auf der Treppe leichtsinnig herumgetobt bin. Aber unsere Schutzengel (Geistführer) werden in solchen Fällen alles Erdenkliche tun, um uns zu schützen oder uns heil wieder herauszuholen. Und ja, Schutzengel gibt es wirklich. Dazu werde ich später noch mehr sagen. Oft handelt es sich bei solchen Unfällen um Momente, in denen man sagen würde: „Da bist du mit einem blauen Auge davon gekommen. Glück gehabt!"

Sollte es sich jedoch um eine sehr schwere oder gar tödliche Krankheit handeln, dann kann man davon ausgehen, dass diese bereits im Voraus geplant wurde.

***

Warum kommt es zu Fehlgeburten?
Fehlgeburten können ihren Ursprung in einer Entscheidung der Seele haben, die sich in der letzten Minute gegen ihre geplante Inkarnation entscheidet. Dies geschieht oft, weil sie plötzlich mit einer tiefen Angst konfrontiert wird – einer Angst vor der Dualität. In den vielen Nahtodberichten, mit denen ich mich befasst habe, wurde immer wieder betont, wie wunderschön der Himmel ist, sodass man gar nicht mehr zurückkehren möchte. Es mag uns nicht immer bewusst sein, aber wir sind viel stärker und mutiger, als wir glauben, allein schon, weil wir hier auf der Erde sind – in einer Welt, die von Gegensätzen geprägt ist, in der es auch das Böse und Schlechte gibt.

Bei hypnotischen Rückführungen ist es möglich, sich selbst im Mutterleib wahrzunehmen. Eine Erkenntnis, die dabei immer wieder zu Tage tritt, ist, dass wir uns dort rundum geborgen und sicher fühlen. Im Mutterleib erleben wir eine Art Paradieszustand. Doch bei manchen Seelen, kurz vor dem Ende dieser Zeit, tritt plötzlich eine Art „Torschlusspanik" auf. Sie bekommen Angst vor der Welt da draußen, die nicht mehr so paradiesisch scheint wie der Himmel oder der Mutterleib. Die Entscheidung für eine Inkarnation ist für eine Seele keine leichte. Sie ist voll von Mut und Entschlossenheit, aber auch von Unsicherheiten und Ängsten.

Um das zu verstehen, muss man die Perspektive wechseln. Stell dir vor, du bist bereits viele Male in der geistigen Welt (= Himmel) gewesen, und nun steht deine nächste Inkarnation auf der Erde an. Du hast bereits viele Reisen dorthin unternommen, aber jedes Mal ist es eine Herausforderung, den nächsten Schritt zu wagen. Du fühlst den Drang, diesen Schritt zu tun, aber gleichzeitig ist da die Angst – bist du wirklich bereit?

Ich erinnere mich an meine eigene Erfahrung, als ich als junger Mensch nach Texas ging, um dort als Au-Pair zu arbeiten. Es war ein Traum, den ich unbedingt verwirklichen wollte. Doch kurz vor der Abreise überkam mich plötzlich ein Gefühl der Unsicherheit: „Bin ich dem gewachsen? Bin ich wirklich bereit, diesen Schritt zu tun?"

So könnte es einer Seele gehen, die sich im Mutterleib auf ihre Inkarnation vorbereitet. Auch wenn sie diese Inkarnation ursprünglich gewollt hat, wird ihr plötzlich bewusst, dass der Übergang in das irdische Leben eine enorme Herausforderung darstellt. Der *Schleier des Vergessens* wird erst nach der Geburt über uns gelegt, weshalb es uns im Mutterleib noch möglich ist, mit der geistigen Welt zu kommunizieren. In dieser Phase versuchen Seelen oft, einen sogenannten „Seelentausch" zu arrangieren. Das bedeutet, dass eine andere Seele in den Embryo eintritt. Dies geschieht jedoch unbemerkt für die Schwangere. Falls jedoch keine passende Ersatzseele gefunden werden kann, wird unter bestimmten Umständen entschieden, die Schwangerschaft zu beenden.

Ist eine Abtreibung verboten?
Gott hat uns den freien Willen gegeben, und es steht jedem von uns frei, zu entscheiden, ob er für oder gegen eine Abtreibung ist. Wir haben das Recht, unsere eigenen Entscheidungen zu treffen! Natürlich ist es manchmal schwer, im Voraus zu wissen, was die beste Entscheidung ist. Doch wenn sich eine Entscheidung für einen richtig anfühlt, dann ist sie vermutlich auch die richtige. *Höre auf dein Herz!*

Und was, wenn wir uns unsicher fühlen? Auch dann dürfen wir uns auf den *Weg des Ausprobierens* begeben. Wir sind hier, um Erfahrungen zu sammeln, und jedes Experimentieren bringt uns neues Wissen. Es ist wichtig zu wissen, dass wir von niemandem – weder von Gott noch von der geistigen Welt – verurteilt werden, wenn wir uns für eine Abtreibung entscheiden. In Wirklichkeit wird eine solche Entscheidung weder als gut noch als schlecht bewertet.

„Aber eine Abtreibung ist doch falsch!", könnte jemand denken. Es ist wichtig, zu verstehen, dass wir nicht unbedingt das tun müssen, was andere tun, noch müssen wir ihre Entscheidungen gutheißen. Wir müssen akzeptieren, dass jeder Mensch anders ist, und wir sind hier, um zu lernen, den freien Willen der anderen zu respektieren. Wer sich ständig mit den Entscheidungen anderer beschäftigt, führt oft unnötige Diskussionen und Konflikte. Stattdessen sollten wir uns fragen, warum uns die Entscheidungen anderer so stören. Warum können wir sie nicht akzeptieren? Letztlich geht es darum, uns mit unseren eigenen Themen auseinanderzusetzen, bevor wir die Entscheidungen anderer kontrollieren wollen.

Wir sind hier, um aus unseren eigenen Erfahrungen zu lernen. Was für den einen richtig erscheint, muss nicht zwangsläufig auch für einen anderen richtig sein.

Was passiert mit einer Seele, wenn eine Abtreibung stattfindet?
Wenn eine Abtreibung erfolgt, passiert der Seele nichts Schlimmes. Sie kehrt einfach in die geistige Welt zurück und wird möglicherweise eine neue Familie wählen, in die sie in einer späteren Inkarnation eintritt.

Unsere Rollen

In vielen Inkarnationen hatte ich eine tiefe Verbindung zur geistigen Welt und war teils mit besonderen Talenten und Hellsinnen gesegnet. Doch als ich erfuhr, dass ich in einer meiner vielen Inkarnationen ein nicht besonders liebevoller Vater zu meinem Sohn Wilhelm war – aufgrund traumatischer Erlebnisse – zerriss es mir fast das Herz. Ich hatte immer angenommen, dass ich in jeder Inkarnation eine liebevolle Person gewesen wäre und nie etwas Schlechtes getan hätte. Aber das sind nicht die Spielregeln! Es geht vielmehr darum, dass wir tatsächlich alles und jede Situation einmal erlebt haben müssen. Das geschieht, indem wir uns immer wieder neue und andere Rollen aussuchen.

Folgende Eigenschaften können dabei variieren:

- ➢ Geschlecht
- ➢ Nationalität
- ➢ Hautfarbe
- ➢ Wohnort
- ➢ Charaktereigenschaften
- ➢ Besondere Talente
- ➢ Hellsinne
- ➢ Status:
  - ✓ Mal leben wir im Reichtum, ein anderes Mal sind wir arm.
  - ✓ Mal sind wir erfolgreich oder berühmt, bei einer anderen Inkarnation üben wir nur eine einfache Tätigkeit aus.

Ab und zu nehmen wir aber auch bewusst eine negativ besetzte Rolle an – und zwar einzig und allein, um das Wachstum einer anderen Seele zu fördern. Denn Leiden bringt Veränderung in die Rollen. So kann es vorkommen, dass wir ein „Arschloch" spielen und eine andere Person verletzen, wegstoßen oder schlecht behandeln, damit sie in diesem Leben ihre Lektion lernen kann. In diesem Fall ist es ein Geschenk aus Liebe, denn es handelt sich meistens um zwei Seelen, die in der geistigen Welt eine enge Verbindung zueinander haben. Unser Feind auf Erden könnte in Wahrheit unser engster Freund in der geistigen Welt sein. Bedenke: Das Leben ist nur eine Illusion, ein Spiel!

***

<u>Wie kann man herausfinden, welche Lebensaufgabe wir bezüglich des Seelenplans haben?</u>

1. Reflektiere dein Leben und forsche in deinem Innersten:

- ➤ Werfe einen Blick in die Vergangenheit!

- ➤ Wo gibt es noch Blockaden?

- ➤ Gab es in der Vergangenheit schwierige Beziehungen, die eine versteckte Nachricht beinhalten könnten?

- ➤ Was sind deine Schwächen?

- ➤ Hast du Triggerpunkte? Wenn ja, womit hängen sie zusammen?

- ➤ Gibt es unangenehme Situationen, die sich wiederholen?

- ➤ Was begeistert dich?

- ➤ Wovon hast du als Kind geträumt?

- ➤ Wer willst du sein?

- ➤ Welche Talente hast du?

- ➤ Wonach sehnst du dich?

- ➤ Was sind deine Träume?

- ➤ Wie kannst du Licht und Freude in die Welt bringen?

Deine Seele führt dich!

Verbinde dich mit ihr, indem du Zeit in der Stille suchst. Was sagt sie? Höre einfach auf die leise Stimme in dir! Es ist deine Intuition und dient als *innerer Kompass*. Auf dein Bauchgefühl kannst du dich immer verlassen!

Achte auch auf deine Emotionen, denn sie geben dir Auskunft darüber. *Die Seele lässt uns fühlen.* In diesem Sinne folge stets dem, was die größte Begeisterung in dir hervorruft, denn unsere tiefsten Wünsche kommen aus der Seele.

Wenn du bereits ein Leben *im Einklang* führst, dein Leben einen Sinn ergibt und du voller Energie steckst, dann mach dir keine Sorgen um deinen Seelenplan – dann lebst du bereits alles richtig!

2. Seelenreading:

Hierbei verbindet sich ein Medium mit deiner Seele, welche alle Erfahrungen und Erinnerungen deiner Inkarnationen gespeichert hat. Du musst bei der Sitzung nicht anwesend sein, denn deine Seele kann an mehreren Orten gleichzeitig sein. Es ist, als würden sich die beiden zu einem Kaffeeklatsch treffen. Das Medium kann dann konkrete Fragen zum Seelenplan stellen und deine Seele freut sich, dass sie Botschaften übermitteln kann.

Um eine Verbindung aufzubauen, braucht das Medium gewöhnlich nur ein Foto von dir – das war's! Du fragst dich jetzt, wie das klappen kann? Ganz einfach: *Wir sind alle miteinander energetisch verbunden.*

***

Was passiert, wenn ich es nicht schaffe, meinen Seelenplan zu erfüllen?
Dann wirst du mit der gleichen Aufgabe *erneut* inkarnieren müssen. Das hört sich nun negativ an, aber in Wahrheit haben wir alle Zeit der Welt. Im Himmel mag es wunderschön sein, aber meiner Meinung nach gibt es auch wundervolle Dinge, die man *nur als Mensch auf der Erde* erleben kann. Manches gibt es im Himmel nicht oder es sind rein menschliche Bedürfnisse, wie...

> ➢ Den Sternenhimmel bewundern

> ➢ Das Meer!

> ➢ Essen und Genuss,
>   z. B. ein *schönes* Abendessen beim Italiener

> ➢ Tiefe Emotionen spüren dürfen

> ➢ Schlafen: sich abends ins warme Bett einkuscheln

> ➢ Auto fahren

> ➢ Fashion

Warum haben wir einen Seelenplan, wenn wir uns nicht daran erinnern können?
Unsere Seele strebt nach einem höheren Ziel. Leider ist es auf der Erde nicht anders umsetzbar, da alle Lebewesen durch einen Schleier des Vergessens gehen müssen.

Das liegt schlichtweg an der *Matrix* (ein energetisches Netzwerk), die vor sehr langer Zeit um die Erde gespannt wurde. Darauf gehe ich in einem späteren Kapitel noch genauer drauf ein.

LIEBE UND SELBSTLIEBE

Gott ist Liebe.
Die geistige Welt ist Liebe.
Wir sind Liebe.

Wir alle sehnen uns nach Liebe, denn sie ist das Lebenselixier, das uns erfüllt. Oft suchen wir verzweifelt nach mehr Liebe, doch das wahre Gefühl der Geborgenheit bleibt für viele unerreichbar, da sie sich nach außen wenden, um den Mangel zu füllen. In Wahrheit sind wir auf der Suche nach etwas, das wir bereits in uns tragen: die innere Verbindung zu uns selbst. Viele versuchen, den Mangel durch materielle Dinge, Macht oder Anerkennung zu kompensieren. Doch je mehr wir haben, desto mehr sehnen wir uns nach noch mehr.

„Wenn ich 5 kg abgenommen habe, dann werde ich glücklich sein."

„Wenn ich den richtigen Partner finde, dann werde ich endlich vollständig sein."

Doch der Schein trügt. Haben wir unser Ziel erreicht, suchen wir schon wieder nach dem Nächsten. Es scheint, als wären wir niemals zufrieden mit dem, was wir haben.

Partner, Kinder, ein großes Haus, ein Pool, Karriere, Heimkino, mehrere Autos – brauchen wir wirklich all dies, um glücklich zu sein? Bringt es uns die Erfüllung, die wir suchen? Warum sind dann so viele Menschen trotzdem unglücklich?

Die Antwort liegt darin, **dass unser wahres Glück nicht im Außen zu finden ist.** Alles, was wir von außen anstreben, bietet nur *temporäres Glück*, ein Glück, das schnell verblasst. Auch Beziehungen sind vergänglich.

Alles, was wir tun müssen, ist, uns mit unserem Inneren zu verbinden, indem wir in die Stille gehen und uns nach innen öffnen. Beständiges Glück entsteht nur in uns selbst.

***

Häufig sind wir auch zu streng mit uns selbst und kritisieren uns unnötig.

„Ich bin nicht gut genug."

„Ich habe versagt. Ich habe den Job nicht bekommen."

Warum behandeln wir uns so? Warum gehen wir so hart mit uns selbst ins Gericht, wenn wir doch die wichtigste Person in unserem Leben sind? Es ist an der Zeit, uns selbst zu lieben und für uns einzutreten.

Wir kamen *allein* auf die Erde und wir werden sie auch allein wieder verlassen. Deshalb sollten wir uns selbst an die *erste Stelle* setzen. Das bedeutet nicht, dass wir egoistisch werden sollen, sondern dass wir uns Zeit für uns selbst nehmen müssen, um gut für uns zu sorgen. *Denn nur wenn es uns selbst gut geht, können wir auch für andere da sein.*

Warum fällt es uns so schwer, uns selbst bedingungslos zu lieben? Ist es das Ergebnis gesellschaftlicher Prägungen, Erfahrungen aus der Kindheit, falscher Glaubenssätze oder die Erwartungen anderer?

Ein Beispiel, wie man an die Wurzel des Problems kommt, wenn man sich nicht sicher ist, warum man sich auf eine bestimmte Weise fühlt, sind sogenannte *„Zwiebelfragen".* Sie helfen, das Problem Stück für Stück freizulegen:

Beispiel:
„Ich bin ein Perfektionist.
Das setzt mich unter Druck.
Ich weiß aber nicht warum ich so bin.
Ich war schon immer so."

Fragen wir uns:
Warum möchte ich alles perfektionistisch machen?
„Ich möchte einen guten Eindruck hinterlassen."

Warum möchte ich einen guten Eindruck hinterlassen?
„Damit die Menschen nicht negativ über mich denken."

Warum möchte ich nicht, dass die Menschen negativ über mich denken?
„Weil ich gemocht und respektiert werden möchte."

Warum ist es mir so wichtig, gemocht und respektiert zu werden?
„Weil es mir Anerkennung und Wertschätzung gibt."

Warum gibt mir Anerkennung und Wertschätzung so ein gutes Gefühl?
„Vielleicht, weil ich zu wenig Selbstliebe in mir trage und diese Anerkennung von außen brauche."

Warum habe ich zu wenig Selbstliebe?
„Weil ich in meiner Kindheit oft gehänselt wurde, weil ich etwas pummelig war."

Nun haben wir das Problem erkannt: *Mangelnde Selbstliebe.* Es liegt nun an uns, an diesem Thema zu arbeiten. Ein wichtiger Schritt dabei ist, mit unserem inneren Kind in Kontakt zu treten, uns zu versöhnen und es liebevoll zu umarmen. Das innere Kind steht für das, was wir in der Kindheit gelernt haben und was immer noch in uns lebt. Vielleicht gibt es da eine alte Wunde, die jetzt geheilt werden kann.

Stell dir vor, du stehst neben deinem früheren Selbst. Was würdest du deinem *Kind-Ich* sagen? Welche Worte der Stärkung könntest du ihm mitgeben? Es ist an der Zeit, dich von alten Lasten zu befreien. Wenn du das Gefühl hast, dass du es nicht alleine schaffen kannst, zögere nicht, dir Unterstützung von einem Coach oder Therapeuten zu holen.

Selbstliebe ist eine Reise, kein Ziel. Sie geschieht nicht über Nacht, aber jeder Schritt zählt. Der erste Schritt ist, dich selbst anzunehmen, Grenzen zu setzen und dein Herz zu hören.

***

Prägungen in unserer Kindheit haben allgemein eine starke Wirkung auf uns:
Als Kind leben wir oft noch *frei und unbeschwert*, doch wir wachsen in einer Gesellschaft auf, in der es vor allem um Leistung geht. Spätestens im Schulalter beginnen Kinder, sich dieser Gesellschaft anzupassen. In der Schule wird uns genau das beigebracht: der Fokus liegt *auf Leistung*. Wir werden fortwährend bewertet und beurteilt, und nur wenn wir gute Leistungen erbringen, erhalten wir Lob und Anerkennung.

Wer erinnert sich noch daran, wie es war, eine schlechte Note zu bekommen? Wir fühlten uns schlecht, nicht wahr? Vielleicht gab es sogar Ärger zu Hause, und genau durch solche Erfahrungen entstehen schnell falsche Glaubenssätze. Wir beginnen, unseren eigenen Wert von äußeren Leistungen abhängig zu machen.

In Wahrheit geben wir allen Dingen in unserem Leben eine Wertung. Unsere Gesellschaft verknüpft „Leistung erbringen" mit positiven Gefühlen, und wir denken, dass wir mehr geliebt und geschätzt werden, wenn wir erfolgreich sind.

Bei manchen spiegelt sich dies auch in ihren späteren Beziehungen wider. Sie glauben, etwas leisten zu müssen, um geliebt zu werden. Doch mache dir bewusst, dass du nichts erreichen, leisten oder besitzen musst, um geliebt zu werden. Es reicht einfach, nur *zu SEIN*.

Richte dich nicht nach den *gesellschaftlichen Standards*. Es sind die *falschen Werte*, denn dein Wert hängt nicht von deinem Körpergewicht, deinem Kontostand, deinem Familienstand oder deinem Karrierestatus ab. Tatsächlich geht es im Leben nicht darum, zu gewinnen oder zu verlieren oder wer besser oder schlechter ist. Vielmehr geht es darum, sich selbst zu finden. Befreie dich von den Fesseln der Gesellschaft, und es wird wieder mehr Leichtigkeit und Fülle in dein Leben einkehren.

Aber bedenke, dass Selbstliebe ein Prozess ist. Sie passiert nicht über Nacht. Der erste Schritt ist, zu dir selbst zu stehen, Grenzen zu setzen, auch mal Nein zu sagen und deinem Herzen zu folgen.

Du bist genug!

***

Das *Thema Schönheit* ist wohl eines der Lieblingsthemen unserer Gesellschaft. Es ist wohl jedem klar, dass es keinen Sinn macht, sich zu vergleichen – und trotzdem tun es fast alle. Seit es *Social Media* gibt, ist es noch viel schlimmer. Kein Wunder, dass fast jeder zweite etwas an seinem Körper auszusetzen hat. Wir werden durch diese Plattformen manipuliert und bekommen unbewusst eingeflößt, wie man auszusehen hat. Doch Moment mal: ***Wer legt eigentlich diese Normen der Schönheit fest?***

Letztens stand ich vor dem Spiegel und dachte mir: *„Wenn ich nur wieder meine schöne Sommerbräune zurückhätte, würde ich mir gleich viel besser gefallen."*

Doch dann dachte ich: STOP! Das sind nur Prägungen der Gesellschaft. Es wurde mir im Laufe des Lebens beigebracht, dass eine gleichmäßige Bräune für Schönheit steht und Gesundheit ausstrahlt. Dabei ist es für unsere Haut eigentlich eher schädlich und kann Hautkrebs hervorrufen. Aber Kommentare wie *„Oh, du hast einen tollen Teint im Urlaub bekommen"* oder *„Deine Bräune steht dir!"* blieben in meinem Unterbewusstsein haften. Durch die Anerkennung, die ich für meine Bräune bekam, entstand der Glaubenssatz: *Wenn man gebräunt ist, ist man schöner.*

Nun stellen wir uns mal vor, ich wäre in China aufgewachsen, wo das Schönheitsideal ein ganz anderes ist als hier bei uns. Dort gilt es, die Sonne zu meiden, um bloß weiß zu bleiben. In den großen Metropolen des Landes sieht man daher oft Frauen mit Sonnenschirmen flanieren. Hätte ich in China gelebt, hätte ich mich wohl an diesen Vorgaben orientiert und versucht, meine Haut so weiß wie die einer Geisha zu halten.

Ich denke, dieses Beispiel zeigt, wie sehr wir uns nach den Vorstellungen unserer Mitmenschen richten. Einer legt einen Standard fest, und alle folgen. Das gleiche gilt für unsere Figur. Mal soll es Size Zero sein, dann wieder kurvig. Wie wäre es, wenn wir uns selbst mal fragen würden, was wir überhaupt schön finden?

Was uns leitet, sind vorgegebene Programme in uns, aber wir können uns auch selbst programmieren!

Anbei noch ein schönes Zitat von Petrus aus der Neuen Genfer Übersetzung: *„Eure Schönheit soll nicht darin bestehen, dass ihr euer Haar aufwändig frisiert, Goldschmuck anlegt und kostspielige Kleider tragt. Das sind alles nur äußere Dinge. Sie soll vielmehr von innen kommen. Ein freundliches und ausgeglichenes Wesen ist etwas Unvergängliches und ist die Art von Schmuck, die in Gottes Augen einen unvergleichlichen Wert hat.“*

Er möchte damit sagen, dass wir uns nicht über unsere äußere Schönheit definieren sollten. Was zählt, ist, ein großes Herz zu haben und selbstbewusst zu leben. Von daher: Mach das, was du für richtig hältst, egal was andere davon halten. Es ist nicht unser Problem, was sie über uns denken. Denke daran: ***Authentische Menschen strahlen am hellsten.***

Es ist dein Leben!

Entscheide dich für das, was dich erfüllt.
Sei mutig!

Hin und wieder fragen wir uns, warum bestimmte Menschen in unser Leben treten, wenn sie am Ende doch nicht bleiben. Letztendlich lassen sie uns mit einem gebrochenen Herzen zurück. *Warum das alles?* Warum habe ich immer Pech in der Liebe? Das sind Gedanken, die uns durch den Kopf gehen können. Doch das ist die falsche Denkweise. Stattdessen sollte man sich die folgende Frage stellen: Was kann ich daraus lernen?

Du erinnerst dich daran, dass deine Seele wachsen möchte? In diesem Sinne gibt es Seelenverbindungen, die sich auf der Erde verabredet haben, um zu wachsen und sich zu vervollständigen.

Wenn du gerade eine ungesunde On-/Off-Beziehung führst, halte kurz inne und frage dich, ob dies vielleicht ein Weckruf ist – eine Chance für Veränderung und neues Wachstum.

Die Person, die die Ablehnung erfährt, bekommt sozusagen einen *glasklaren Spiegel vorgehalten* und wird dadurch *mit ihren inneren Schattenseiten konfrontiert*. Diese können Defizite, ungesunde Muster oder ein Mangel an Selbstliebe aufzeigen. Solch eine Begegnung wird oft als transformierendes Erlebnis beschrieben.

Was ich damit sagen möchte, ist, dass wir manchmal gezwungen sind, einen anderen Weg einzuschlagen, als uns lieb ist – sei es eine gescheiterte Beziehung oder dass wir einen Job nicht bekommen haben. Aber auch dann sollten wir versuchen, *optimistisch zu bleiben.* Letztendlich ist es unsere Entscheidung, ob wir durch ein negatives Ereignis in Selbstmitleid verfallen oder in einem positiven Mindset bleiben. Einen Misserfolg oder eine Ablehnung muss man übrigens nicht als Wertung ansehen.

In Wahrheit ist alles neutral. Wir geben dem Leben eine Bedeutung. Es kommt immer darauf an, wie wir etwas erfahren und welche innere Einstellung wir dazu haben. Versuche optimistisch zu bleiben, denn nur, wenn wir positiv bleiben, ziehen wir auch weiterhin das Positive an. Es wird einen guten Grund geben, warum es uns passiert ist. Vielleicht erwartet uns noch etwas viel Besseres, oder womöglich war es sogar ein Teil unseres Seelenplans, damit wir durch diese Lektion unseren Weg ins Licht finden können.

Habe Vertrauen, lass die Vergangenheit los. Denn nur wenn sie in unserem Leben keine Rolle mehr spielt, kann sie sich auflösen und verschwinden. Richte deinen Fokus lieber auf das Schöne im Leben und vergesse nie: „Wenn etwas nicht sein soll, dann war es nicht für uns gemacht!"

ALLES IST ENERGIE

Wenn man sich mit dem Astralkörper oder der Quantenphysik beschäftigt, wird einem schnell klar, dass wir Menschen in unserem Wesenskern *energetische Wesen* sind.

Gott ist Energie.
Wir sind Energie.
Alles im Universum ist Energie.

Die Quantenphysik erklärt, dass wir aus Atomen bestehen. Wenn man sich ein solches Atom genauer anschaut, stellt man schnell fest, dass in ihm eigentlich nichts Substanzielles zu finden ist – nur Energiewellen. In Wahrheit handelt es sich bei einem Atom um ein unsichtbares Kraftfeld, das Energie in Form von Wellen aussendet. Aber es gibt noch einen anderen Weg, um herauszufinden, dass wir Menschen aus Energie bestehen. Dieser wird durch außergewöhnliche Erfahrungen wie außerkörperliche Erlebnisse oder Astralreisen möglich, bei denen wir unseren physischen Körper mit unserem Astralkörper verlassen.

Was ist der Astralkörper?
Der Astralkörper ist gewissermaßen unsere *Seele.* Er ist ein Duplikat des physischen Körpers, allerdings in der

Form eines Geistes, mehr als nebenartige Materie. Im Gegensatz zum menschlichen Körper besitzt er keine inneren Organe, aber auch im Zustand des Astralkörpers können wir denken, sprechen und sehen.

Zu Lebzeiten ist unser Astralkörper durch eine feine, leuchtende Silberschnur mit unserem physischen Körper verbunden. Erst nach dem Tod, wenn die Seele in die geistige Welt zurückkehrt, wird diese Schnur durchtrennt. Manche haben Angst, dass dies auch bei einer Astralreise passieren könnte, aber das ist *nicht* der Fall.

Was ist ein außerkörperliches Erlebnis?
Ein außerkörperliches Erlebnis beschreibt den Zustand, in dem der Astralkörper sich *außerhalb des physischen Körpers* befindet. Unter bestimmten Umständen können wir den menschlichen Körper verlassen. Dies kann durch Tiefenentspannung, Trance, Meditation oder auch während einer Nahtoderfahrung geschehen. Während eines solchen Erlebnisses kann man manchmal umherschweben, den eigenen Körper von oben betrachten oder sich sogar durch Wände bewegen.

Mein erster Kontakt mit dem Thema
Eher zufällig stieß ich auf dieses Thema, als ich in einem Buch davon las. Bis zu diesem Zeitpunkt hatte ich noch nie etwas von einem sogenannten Astralkörper gehört, noch wusste ich, dass dieser den physischen Körper verlassen konnte. In der westlichen Welt wird so etwas ja nicht gelehrt. Ich stieß auf zahlreiche Doku-

mentationen und Berichte von Patienten, die Nahtoder-
fahrungen gemacht hatten. Sie berichteten, wie sie während einer Operation aus ihrem Körper schwebten.
Diese Erfahrungen traten auf, als sie für einen Moment
tot waren, z. B. bei einem Herzstillstand oder Kreislauf-
versagen während der OP. Die Patienten berichteten,
dass sie ihren Körper von oben sahen und die Ärzte
hektisch versuchten, ihr Leben zu retten. Sie konnten
sogar verstehen, was die Ärzte miteinander sprachen.
Das Erstaunliche daran war, dass sich diese Patienten
auch später noch detailliert an alles erinnerten.

Ich fragte mich, ob so etwas auch in Trance möglich
war. Für mich war das zunächst kaum vorstellbar, aber
ich wollte mehr darüber erfahren. Ich begann zu recher-
chieren und war überrascht, wie viele Bücher zu diesem
Thema existierten. Menschen berichteten von ihren au-
ßerkörperlichen Erfahrungen, die sie durch Tiefenentspannung gemacht hatten. Doch nicht nur das – sie berichteten auch von Astralreisen, bei denen sie in andere
Welten, Dimensionen oder sogar in die Vergangenheit
reisten – und das alles ohne eine Nahtoderfahrung. Ich
war sprachlos.

Als ich später vom Monroe-Institut erfuhr, das sich auf
die Forschung rund um Bewusstsein und Astralreisen
im Zusammenhang mit Gehirnaktivitäten spezialisiert
hatte, wurde mir klar, dass die vielen Berichte, die ich
gelesen hatte, keine Fantasiegeschichten sein konnten.

Ich begann zu verstehen, dass diese Phänomene eng mit den *Schwingungsfrequenzen im Gehirn* zusammenhängen, die solche Erfahrungen möglich machen. Es wurde erklärt, dass man im Ruhezustand den *Theta-/Deltabereich* erreichen muss, um Astralreisen zu erleben. Das ist der Moment kurz bevor wir einschlafen.

Die größte Herausforderung dabei ist es, den physischen Körper schlafen zu lassen, während das Bewusstsein wach bleibt. Das Ziel ist es, den schlafenden Körper zu verlassen und dabei im wachen Bewusstsein zu bleiben. Wenn man versehentlich einschläft, wird man die Astralreise nicht bewusst erleben, da auch während des Schlafs der Astralkörper auf Reisen gehen kann, aber nach dem Aufwachen keine Erinnerung daran bleibt.

Was sind Frequenzen?
Das menschliche Gehirn kann in *fünf* verschiedene Schwingungsbereiche unterteilt werden, und diese Frequenzen variieren je nach unserer Aktivität und unserem mentalen Zustand. Je niedriger die Schwingungen, desto entspannter sind wir...

Gamma:
Wird in Zuständen von Angst, Anspannung oder bei Extremsportarten erreicht.

Beta:
Der normale Wachzustand. Wir sind konzentriert, vertieft in Gedanken oder gestresst.

Alpha:
Im Ruhezustand oder bei Entspannung.

Theta:
Erreicht während der Meditation, beim Tagträumen
oder in einem leichten Schlafzustand.

Delta:
Wir schlafen oder befinden uns in einer tiefen Meditation, während einer Astralreise.

Wie erreicht man die Delta-Frequenz für eine Astralreise?
Um in den Delta-Bereich zu gelangen, der für Astralreisen notwendig ist, können verschiedene Techniken hilfreich sein. Eine Möglichkeit ist, **binaurale Beats** oder
Klangschalen-Musik zu hören, die helfen, die Gehirn-
wellen zu synchronisieren. Ebenso kann eine geführte
Meditation dazu beitragen, das Gehirn zu beruhigen
und in diesen Zustand zu gelangen.

Eine weitere Möglichkeit ist es, sich einen persönlichen
Kraftort vorzustellen – einen Ort, an dem man sich ruhig und entspannt fühlt, etwa ein schöner Strand oder
ein Berg mit toller Aussicht. Man kann sich in Gedanken in diesen Ort hineinversetzen, den Wind spüren
und die Atmosphäre genießen. Dies kann dabei helfen,
das Bewusstsein auf eine tiefere Ebene zu bringen.

Auch *Selbsthypnose* kann eine wertvolle Technik sein, um die Theta- oder Delta-Frequenzen zu erreichen. Ein einfaches Beispiel ist, sich *ein Ankerwort zu setzen*, das einen mentalen Zustand von Entspannung herbeiführt.

***

Erfahrungsbericht: Meine ersten Versuche
Müde reibe ich mir die Augen. Mein Blick wandert zum Wecker: Es ist 8 Uhr. Viel zu früh, um an diesem Samstagmorgen schon mein warmes Bett zu verlassen. Ich überlege kurz, ob ich die Glotze vor meinem Bett anstellen soll, entscheide mich dann aber doch für eine Meditation zum Thema außerkörperliche Erfahrungen. Ich übe nun schon seit ein paar Wochen. Mal schauen, ob ich es heute schaffen werde. Dafür nutze ich binaurale Musik.

Die Musik zeigt schon bald ihre Wirkung. Ein Wärmegefühl durchströmt meinen Körper, zugleich spüre ich Schwingungen in mir. Es scheint mir, als würde Energie von meinem Fußende bis hin zu meinem Kopf schießen und wieder zurück. Die Schwingungen werden mit der Zeit stärker.

Meine Füße und Hände beginnen zu kribbeln. Es fühlt sich an, als würden sie einschlafen, aber es ist aushaltbar.

Plötzlich beginnt mein Körper zu zucken. Ich hatte davon gelesen. Obwohl es stärker wird, habe ich komischerweise keinerlei Angst. Vielleicht, weil ich weiß, dass ich es jederzeit wieder stoppen könnte, indem ich meine Augen öffne und die Musik ausschalte. Stärkere ruckartige Bewegungen setzen ein. Ich lasse es zu und mache mit der Meditation weiter. Es mag sich gruselig anhören, aber es kommt mir in dem Moment keineswegs wie ein Kontrollverlust vor. Ich bin viel zu neugierig, wohin mich diese Reise führen wird.

Ich spüre Energie, und zwar leicht oberhalb meines physischen Körpers. Besser gesagt: Über meiner Brust, meinem Bauch und meinen Beinen. Eine dünne Schicht Energie. Es ist, als wäre die Luft aufgeladen und die Dichte in einem veränderten Zustand. Diese Energie war damals mein Astralkörper, der sich schon leicht nach oben aus meinem physischen Körper gewölbt hatte. Das muss man erlebt haben, um es zu verstehen und beschreiben zu können. Aber ich begann erstmals zu begreifen, dass wir Menschen aus *ENERGIE* bestehen – unserem Energiekörper!

In meinem Rücken wandert etwas meine Wirbelsäule hoch und runter. Ist es Energie? Ich kann es mir zunächst nicht erklären und denke einfach nicht weiter darüber nach, denn es strahlt eine angenehme Wärme aus. Zu dem Zeitpunkt wusste ich noch nichts von einer sogenannten „Kundalini-Erweckung". Der Energieball, der damals in meinem Rücken hoch und runter wanderte, war die schlafende Schlange in mir, die geweckt wurde. Auch die starken Zuckungen und das Zittern waren ein Zeichen für die Kundalini-Erweckung. Erst später erfuhr ich, dass es bei mir tatsächlich zu einer spontanen Erweckung der Kundalini-Energie kam. Ich vermute, der Auslöser hierfür war mein intensives Meditieren und eine Portion Glück.

Was ist die Kundalini-Energie?
Es ist eine Energie, die als schlafende Schlange in unserer Wirbelsäule symbolisiert wird. Wenn diese Kraft an unserem Wurzelchakra geweckt wird, welches am Damm zwischen den Geschlechtsorganen und dem Anus liegt, beginnt die aufgerollte Schlange sich nach oben zu bewegen. Das heißt, es beginnt, Energie durch die einzelnen Chakren bis zum Kronchakra am Kopf zu fließen. Dies wiederum kann zu einem höheren Bewusstsein führen. Es fällt uns dadurch leichter, das Große und Ganze wahrzunehmen und eine Verbindung zum Göttlichen herzustellen. Denn die aufsteigende Energie bleibt nicht im Körper, sondern verbindet sich wie durch einen imaginären Lichtstrahl vom Kronchakra, das am Kopf sitzt, mit dem Göttlichen im Universum. Dadurch ist es uns möglich, neues Wissen und Weisheit zu erlangen.

Hui... wo kommt denn diese anziehende Kraft her? Ich, oder besser gesagt mein Astralkörper, werde von einer unsichtbaren Kraft wie ein Magnet in Richtung Zimmerdecke angezogen. Doch es scheint mir, dass diese Kraft noch nicht stark genug ist, um meinen Astralkörper komplett von meinem physischen Körper zu trennen. Es ist gar etwas unangenehm, denn es fühlt sich so

an, als würde jemand versuchen, mein Innerstes herauszuziehen bzw. nach oben aufzusaugen. Doch scheint es
noch eine Blockade zu geben?! Mein Astralkörper
hängt wohl noch irgendwo fest.

Mit einem Mal werde ich wie ein Gummiband in die
Länge gezogen. Es kommt mir vor, als wären meine
Glieder plötzlich zwei Meter lang. Aber ich hatte davon
gelesen, also vermute ich, dass es ein gutes Zeichen ist.

Meine Stirn, bzw. mein drittes Auge, beginnt zu kribbeln. Das leichte Kitzeln breitet sich aus und wandert
nach unten, über die Wangen bis hin zu den Lippen.
Ein Gefühl der Schwerelosigkeit folgt dem Kribbeln in
meinem Gesicht. Es fühlt sich in der Tat so an, als
würde sich mein Kopf gerade in Luft auflösen. Die Luft
vor meinem Mund fühlt sich jetzt etwas kühler an und
mein Geruchssinn hat sich verändert. Das ist für mich
ein Zeichen dafür, dass sich mein Astralkopf schon etwas befreit hat. Leider kann ich nicht behaupten, dass
es außerhalb meines Körpers besser riecht, aber irgendwie anders.

Doch ... jetzt! ... ich spüre, wie sich mein rechtes Bein
löst. Es schlüpft einfach nach oben aus mir heraus. Ich
kann es deutlich spüren. Uh... das fühlt sich gar etwas
ekelhaft an, saust es mir durch den Kopf. Doch kurz darauf ist mein rechtes Bein schwerelos.

Ich drücke mein Körpergewicht bewusst gegen die
Matratze. Es soll angeblich dabei helfen, dass sich der

Astralkörper besser lösen und emporsteigen kann. Tatsächlich! Es kommt mir vor, als würde mich im nächsten Moment eine unsichtbare Kraft sanft nach oben schieben. Mir wird dabei ein wenig übel. Kein Wunder... denn das Gefühl der völligen Schwerelosigkeit, das bei der Erhebung des Astralkörpers auftritt, erinnert mich etwas an eine Fahrt im Freefall-Tower. Die Luft um mich herum fühlt sich nun etwas kühler an und mein Kopfkissen sowie die Matratze sind plötzlich nicht mehr spürbar, aber ich spüre noch meinen Körper. Nein, doch nicht! Es ist nicht mein physischer Körper, den ich gerade spüre, sondern mein Astralleib, und dieser fühlt sich wunderbar leicht an, als würde ich nur ein paar Hundert Gramm wiegen. Da wird mir bewusst: Ich habe gerade meinen physischen Körper verlassen. Mein Körper schläft, nur mein Bewusstsein ist im Wachzustand.

Das Unmögliche ist möglich!

<u>Was kann man ansonsten noch auf einer Astralreise erleben?</u>
Eine Astralreise öffnet Türen zu unerforschten Welten und bietet eine Vielzahl von Erfahrungen, die oft jenseits der physischen Realität liegen. Es ist ein Abenteuer des Bewusstseins, das den Reisenden in Bereiche führt, die er im normalen Zustand des Wachbewusstseins nicht betreten kann. Hier sind einige häufige Erlebnisse, die auf einer Astralreise möglich sind:

1. Veränderte Wahrnehmung der Realität:

Auf Astralreisen erscheint die Welt lebendiger, die Farben intensiver und die Eindrücke klarer. Du kannst die Welt um dich herum auf eine Art und Weise erfahren, die im physischen Zustand oft unzugänglich bleibt. Manche beschreiben das Gefühl, in einer Traumwelt zu leben, wo alles möglich scheint.

2. Reisen zu anderen Orten:

Ein häufiges Erlebnis auf Astralreisen ist das Reisen an Orte, die entweder in der physischen Welt existieren oder völlig unbekannt und fantastisch sind. Du kannst vergangene oder zukünftige Ereignisse besuchen, ferne Länder bereisen oder sogar andere Dimensionen entdecken.

3. Begegnungen mit spirituellen Wesen:

Während einer Astralreise treten viele Menschen mit geistigen Führern, Engeln, verstorbenen Verwandten oder anderen spirituellen Wesen in Kontakt. Diese Begegnungen sind oft telepathisch, ohne Worte, und beinhalten tiefgreifende spirituelle Botschaften oder Einsichten.

4. Erleben des eigenen „höheren Selbst":

Ein weiteres kraftvolles Erlebnis ist das Treffen mit deinem „höheren Selbst" oder der Essenz deines wahren Wesens. Dies kann ein Moment intensiver Selbstbegegnung sein, indem du tiefere Wahrheiten über dich selbst und deine Lebensaufgabe erfährst.

5. Zeitlose Erfahrungen:

Auf einer Astralreise scheint die Zeit keine Rolle zu spielen. Es ist möglich, in einem Moment jahrelange Erfahrungen zu machen, während die Zeit in der physischen Welt stillsteht. Diese zeitliche Verzerrung zeigt, wie flexibel und relativ unsere Wahrnehmung von Zeit tatsächlich ist.

6. Heilung und Transformation:

Astralreisen bieten oft die Gelegenheit, tief sitzende Blockaden oder traumatische Erfahrungen zu heilen. Während einer Reise kann der Reisende emotionale Wunden lösen, energetische Blockaden auflösen und sich mit höheren Bewusstseinszuständen verbinden, die zu persönlichem Wachstum führen.

7. Erweiterung des Bewusstseins:

Während der Astralreise kann dein Bewusstsein auf eine höhere Ebene gehoben werden, wodurch du tiefere Einsichten in das Leben, das Universum und deinen Platz darin erhältst. Einige berichten, dass sie während einer Astralreise ein Gefühl von göttlicher Präsenz erfahren oder Zugang zu universellen Wahrheiten erhalten.

***

Inspiration von Andreas Schwarz

Andreas Schwarz, ein bekannter spiritueller Lehrer, sieht in der Erfahrung des Astralkörpers eine Möglichkeit, das *Bewusstsein zu erweitern* und tiefere Ebenen der Realität zu erfahren. Schwarz spricht von der Astralebene als einem Ort der Transformation, des Lernens und des Bewusstseinswachstums.

Er sagte einmal:
"Der Astralkörper ist die Brücke zwischen den verschiedenen Dimensionen des Seins. Wenn wir lernen, ihn zu benutzen, öffnen wir Türen zu einer unendlichen Welt des Wissens und der Heilung."

Dieses Zitat von Andreas Schwarz erinnert uns daran, dass Astralreisen nicht nur eine Möglichkeit sind, den physischen Körper zu verlassen, sondern auch eine Gelegenheit, *tiefere Wahrheiten über uns selbst und das Universum zu erfahren.* Auf einer Astralreise sind wir nicht nur Reisende in fremden Welten, sondern auch Entdecker unseres inneren Universums, wo wir Weisheit, Heilung und Erkenntnis finden können.

***

Astralreisen sind seit Jahrhunderten ein Bestandteil mystischer und spiritueller Traditionen, aber sie können *von jedem erlernt und erfahren werden*, der sich dafür öffnet. Sie bieten nicht nur eine Möglichkeit, das Geheimnis des Lebens und des Universums zu ergründen, sondern auch eine wertvolle Gelegenheit, sich mit dem eigenen höheren Selbst zu verbinden und tiefere Wahrheiten über die eigene Existenz zu entdecken.

Anleitung für eine Astralreise

1. Ruhiger Ort:

Suche dir ein ruhiges Plätzchen, an dem du dich gut entspannen kannst. Ob du nun auf der Couch im Wohnzimmer, auf der Yogamatte oder doch lieber im kuscheligen Bett im Schlafzimmer liegst – Hauptsache, du bist ungestört. Stelle auch sicher, dass dein Smartphone auf lautlos ist.

2. Musik:

Mein Tipp: Höre dabei binaurale Beats, z. B. *von Neowake*. Vergiss dabei nicht, dass du Kopfhörer benötigst, um die volle Wirkung zu erzielen.

3. Entspannung und Atmung:

Atme einmal tief ein und halte die Luft für 3 Sekunden an, bevor du sie wieder ausatmest. Wiederhole dies ein paar Mal. Du wirst sehen, dass allein diese einfache Übung schon Wunder bewirken kann, um dich zu entspannen.

4. Gedanken loslassen:

Lass all deine Gedanken los. Stelle dir vor, dass jeder Gedanke, der in deinem Kopf auftaucht, in einer Seifenblase steckt. Visualisiere, wie diese Blasen in den Himmel steigen und schließlich in der Ferne verschwinden.

Falls es dir trotzdem schwerfällt abzuschalten, richte deinen Fokus einfach auf die Musik und lausche der Melodie.

5. In die Trance gehen:

Stelle dir eine Treppe mit zehn Stufen vor. Du stehst oben und schaust nach unten. Wie diese Treppe aussieht, ist dir überlassen. Du wirst nun langsam die Stufen nach unten steigen. Zähle jede Stufe in Gedanken mit, beginnend mit der Zahl 10. Bleibe an jeder zweiten Stufe kurz stehen und atme bewusst tief durch. Bevor du beginnst, sage dir selbst: „Wenn ich unten ankomme, werde ich mich frei und leicht wie ein Vogel fühlen."

Los geht's:

Erste Stufe: „10"

Nächste Stufe: „9" und tief durchatmen.

Nächste Stufe: „8"

Nächste Stufe: „7" und wieder tief durchatmen.

... Wenn du bei 0 angekommen bist, lasse dich fallen. Lass alles los und fühle dich frei wie ein Vogel. Denke nicht. Stelle dir nichts vor. Lass dich jetzt von deinem Unterbewusstsein führen.

6. Körperliches Empfinden:

Es kann sein, dass du Schwingungen, ein Kribbeln, eine gewisse Schwere oder eine ungewohnte Kälte spürst. Sei ruhig und bleibe entspannt. Vertraue dem Prozess.

7. Austrittstechniken:

Wenn du deinen Astralkörper wahrnehmen kannst, konzentriere dich auf den Austritt. Es gibt verschiedene Techniken, die dir dabei helfen können. Hier stelle ich drei vor:

1. Am Seil hochziehen:

Stelle dir vor, dass ein Seil von der Decke über deiner Brust hängt. Greife mit deinen Händen in Gedanken danach und versuche, dich aus deinem physischen Körper herauszuziehen, indem du das Seil nach oben kletterst. Du wirst einen Widerstand spüren – das ist dein Astralkörper, der noch festhängt. Bleib dran!

2. Raum drehen:

Stelle dir vor, dass sich dein Raum langsam dreht. Fokussiere dich nicht auf deinen Körper, sondern nur auf den Raum. Kurz darauf solltest du deine Seitenwand über dir sehen können. Warte ein paar Sekunden und lass es auf dich wirken. Dann dreht sich der Raum weiter, und du wirst den Fußboden als Decke wahrnehmen, und so weiter. Diese Verwirrung hilft, deinen Astralkörper aus deinem physischen Körper herausrollen zu lassen.

3. Körpergewicht nach unten drücken:
Drücke dein Körpergewicht nach unten gegen die Matratze und versuche, deinen Astralkörper nach oben herauszudrücken. Dein physischer Körper bleibt auf der Matratze liegen, während dein Astralkörper nach oben austreten kann.

Gute Reise!

MANIFESTATION

„Wie man in den Wald hineinruft,
so schallt es heraus!"

Du weißt nun, dass **alles aus Energie besteht.** Das ist entscheidend für das Manifestieren. Es gibt das Gesetz der Anziehung, das besagt: *„Das, was wir ausstrahlen, ziehen wir auch wieder an."*

Man kann dies sehr gut mit seinem eigenen Spiegelbild vergleichen: Schaue ich grimmig in einen Spiegel, bekomme ich mein Spiegelbild zurück und werde grimmig angeschaut. Wie kann ich dies ändern? Indem ich beginne, lächelnd in den Spiegel zu schauen. Nur wenn ich beginne, etwas anderes auszustrahlen, verändert sich das, was ich zurückbekomme.

Wie geht Manifestieren?
Es gibt verschiedene Methoden, um zu manifestieren. Ich möchte dir gerne zwei Methoden vorstellen:

1) Normale Manifestation
Überlege dir zunächst, was du dir wünschst. Dafür eignet sich das Zwiebelfragen-Prinzip:

Was ist mein Wunsch?
Ich wünsche mir einen neuen Job.

Warum wünsche ich mir einen neuen Job?
Damit ich weniger Überstunden machen muss.

Warum möchtest du weniger Überstunden machen?
Ich hätte gerne mehr Freizeit.

Warum möchtest du mehr Freizeit haben?
Ich wünsche mir mehr Zeit für meine Kinder.

Warum wünschst du dir mehr Zeit mit deinen Kindern?
Es bringt mir Erfüllung und Lebensfreude.

Wie stellst du dir die gemeinsame Zeit vor?
Im Sommer nach der Arbeit gemeinsam noch eine kleine Fahrradtour machen – das wäre ein Traum!

In diesem Fall geht es nicht darum, sich einfach nur einen neuen Job zu manifestieren, sondern darum, mehr Zeit mit den Kindern zu verbringen. Wie das zustande kommt, überlassen wir dem Universum.

<u>Jetzt fokussiere dich aufs Manifestieren…</u>
Jeden Abend, bevor du schlafen gehst, nimm dir einen Moment Zeit dafür. Atme ein paar Mal tief durch und komme zur Ruhe. Du solltest dich hierfür in einem ausgeglichenen und positiven Zustand befinden. Dann spreche deinen Wunsch aus. Dieser muss so formuliert werden, als wäre es bereits geschehen. Im oben genannten Beispiel würde ich es folgendermaßen formulieren:

„Vielen Dank für die vielen schöne Fahrradtouren mit meiner Familie nach Feierabend."

Nun visualisiere es für *30 Sekunden* in deinem Kopf. Forme dir ein passendes Bild einer Szene, von dem, was du dir wünschst. Ganz wichtig dabei ist, dass Gefühle aufkommen, die in Verbindung mit dem Wunsch stehen. Gefühle der Freude, der Erleichterung oder was auch immer für dich passend ist.

Das Bild:
In meinem Beispiel würde ich mir einen strahlenden Vater auf einem Mountainbike vorstellen, der mit seiner Familie durch die Natur radelt. Die Sonne scheint und die Landschaft blüht farbenfroh.

Gefühle:
Er ist entspannt und glücklich. Vielleicht vernimmt er im Hintergrund das Lachen seiner Kinder. Wenn sie glücklich sind, ist er es umso mehr. Er fühlt sich erfüllt und stolz auf seine tolle Familie.

Sobald *das Bild* in deinem Kopf von starken positiven Emotionen begleitet wird, lass es los. Sende deinen Wunsch ins Universum, wende deinen Fokus jetzt ab und vertraue dem Universum. Lass es fließen und suche in den kommenden Tagen oder Wochen nicht ständig nach Zeichen für die Erfüllung deines Traums, sondern lass dich führen und hab Geduld. Wunder passieren nicht über Nacht und bedenke, dass es für alles auch das richtige Timing gibt. Es ist wichtig, dass du dies jeden Abend für mehrere Wochen ausübst und nicht nur ein einziges Mal.

2) Tesla 369-Methode

Laut Tesla spielen die Zahlen 3, 6 und 9 eine bedeutende Rolle. Es heißt, sie seien der Schlüssel zum Universum und verstärkten die Wirkung der Manifestation.

Natürlich hat jede Zahl auch eine Bedeutung:

3 = Ursprung des Seins & Verbindung zum Universum.

6 = Die eigene Macht.

9 = Im Einklang mit der universellen Energie sein.

Die Zahl 9 wird übrigens auch als Schlüssel zur Transformation bezeichnet, was für die Vollendung von etwas und die Erfüllung von Zielen steht.

Die Vorgehensweise ist die folgende:

Schreibe deine Vision am Morgen 3-mal auf und manifestiere nach jedem Satz ein Bild, wie im vorherigen Beispiel. Wiederhole dies dreimal hintereinander:

1. Aufschreiben

2. Bild mit Gefühlen manifestieren.

Wiederhole es am Mittag, indem du es 6-mal aufschreibst. Und das Gleiche am Abend: Schreibe deinen Wunsch 9-mal auf und behalte diese Praxis für 33 Tage bei.

Kann man stattdessen auch beten?
Natürlich kann man auch beten, aber es mag nicht so effektiv sein wie das Manifestieren. Der Unterschied dabei ist, dass man beim Manifestieren nicht nur um etwas bittet und auf ein Wunder hofft, sondern sich vorstellt, es sei bereits geschehen. Dadurch verankert sich dieser Wunsch im Inneren, und es wird automatisch als Energie nach außen getragen.

Kann man dies auch bei Glücksspielen wie Lotto anwenden?
Kanntest du Helene Hadsell? Sie war eine amerikanische Hausfrau und zugleich die Meisterin des Gewinnens, bis sie leider vor ein paar Jahren verstarb.

Egal, an welchem Wettbewerb sie teilnahm, sie gewann fast immer. Insgesamt erzielte sie mehr als 5000 Gwinne, darunter ein großes Haus in ihrer Heimat Texas, Reisen, Möbel und andere Luxusartikel.

Ihre Glückssträhne begann 1958, als sie ein Buch über die Kraft unserer Gedanken las. Es weckte ihr Interesse, und sie begann, ihren ersten Wunsch zu visualisieren.

Sie entwickelte dabei eine bemerkenswerte Herangehensweise, indem sie ihren Wunsch völlig ohne Zweifel manifestierte. Sie war so überzeugt davon, dass sie gewinnen würde, dass sie tatsächlich immer wieder gewann.

Sie sagte einmal, es gehe dabei um die Kontrolle des eigenen Geistes, positive Affirmationen, starke Visualisierungskraft und eine positive Einstellung. Wie heißt es so schön: „Unsere Gedanken formen unsere Realität." Da mag wohl etwas Wahres dran sein! Letztendlich ist sie der lebende Beweis, dass das Gesetz der Anziehung tatsächlich funktioniert.

Pech manifestieren?

Es ist bekannt, dass Angst und negative Gedanken durch pessimistisches Denken ausgelöst werden können. In Wahrheit sind wir in diesem Fall schon der Überzeugung, dass das Gefürchtete eintreffen wird, und manifestieren es uns unbewusst. Denn wie bereits gesagt: Worauf wir unseren Fokus legen, dorthin fließt unsere Energie. Dies wird dann zur Ursache für unser Unglück.

Der beste Weg, um dies umzukehren, ist, sich auf das Positive im Leben zu konzentrieren, denn es gibt immer auch eine andere Seite, die das umfasst, was wir uns wirklich wünschen. Wir müssen uns auf das konzentrieren, was wir wollen und was eintreffen soll.

GEISTFÜHRER

Die Morgensonne scheint durch mein geöffnetes Küchenfenster und erhellt den Raum. *Es scheint ein schöner Sommertag zu werden*, saust es mir durch den Kopf, während ich darauf warte, dass mein Kaffee durchgelaufen ist. Heute habe ich frei und will den Tag ganz gemütlich beginnen.

Ich schnappe mir die strahlend gelbe Tasse von der Arbeitsplatte. Das röstfrische Aroma des dampfenden Kaffees steigt mir in die Nase, während ich in meinem blau-weiß-gestreiften PJ und barfuß ins Wohnzimmer schlurfe. Der Holzboden knarrt dabei leise.

Ich mache es mir auf meiner beigefarbenen Couch gemütlich und lehne mich im Schneidersitz zurück. *So könnte jeder Tag beginnen*, denke ich frohgestimmt und muss lächeln. Im nächsten Augenblick bleibt mein Blick auf einem kleinen Büchlein haften. Es liegt auf meinem Wohnzimmertisch vor mir und trägt die Aufschrift „Spirituelles Tagebuch". Ich habe tatsächlich wieder begonnen, Tagebuch zu führen. Das auslösende Ereignis hierfür war die Meditation, als ich das helle Licht sah. Ich wollte dies auf jeden Fall festhalten.
Ich greife nach dem Buch und blättere darin. Mein Blick bleibt auf einem alten Beitrag haften. Ich lese:

„Ich kann dich spüren!

Ich spüre deine Energie!
Wie ist das möglich?????
Es gibt dich!
Es gibt dich wirklich!"

Ich muss schmunzeln und erinnere mich zurück, als ich meinen Geistführer zum ersten Mal wahrnahm. Ich hatte damals von einer Übung gelesen, bei der es darum ging, seinen Geistführer oder besser gesagt dessen Energie spüren zu können. Nie im Leben hätte ich mir vorstellen können, dass das wirklich funktionieren könnte, aber es klappte! Ich war absolut sprachlos, aber zugleich begann ich zu realisieren, dass unsere Welt nicht so ist, wie sie zu sein scheint.

Geistführer und Schutzengel sind übrigens das Gleiche. Der Begriff „Geistführer" stammt aus England, wo Spiritualität etwas ganz Normales ist.

Bis vor kurzem hatte ich tatsächlich keine Ahnung, dass jeder Mensch einen Geistführer an seiner Seite hat – unabhängig davon, ob jemand daran glaubt oder nicht. Er ist da, auch wenn er für uns nicht immer physisch sichtbar ist.

<u>Doch zunächst: Was ist überhaupt ein Geistführer bzw. ein geistiges Team?</u>
Jeder Mensch hat ein geistiges Team, das aus einem Hauptgeistführer und ein bis mehreren (Neben)-Geistführern besteht. Die Anzahl der (Neben)-Geistführer kann variieren, je nachdem, auf welchem Gebiet man

gerade Unterstützung benötigt. Das kann sich unter anderem nach den aktuellen Hobbys sowie privaten und beruflichen Interessen richten.

Dein Hauptgeistführer ist dein ganzes Leben lang an deiner Seite, wenn nicht sogar schon viele Leben lang. Er oder sie kennt dich also in- und auswendig und ist sozusagen dein engster Vertrauter, nur dass du es vergessen hast.

Deine Geistführer sind liebevolle, feinstoffliche Energiewesen, deren Energie geschlechtsneutral ist. Wenn man jedoch nach ihren Namen fragt, nehmen sie das Geschlecht ihrer letzten Inkarnation an, denn sie selbst haben viele Leben als Mensch auf der Erde erfahren. Doch sie konnten den Kreislauf der Wiedergeburt bereits durchbrechen, da sie das Level der Vollkommenheit erreicht haben. Sie haben somit eine höhere Perspektive und tiefere Weisheit zu bieten.

Trotzdem bilden sie sich auch noch in der geistigen Welt weiter, indem sie für uns da sind. Jetzt ist es ihre Aufgabe, uns zu helfen und zu beschützen. Es ist etwas, woran sie selbst noch wachsen können.

***Sie wollen nur das Beste für uns
und sind stets für uns da!***

Unser Seelenplan:
Anbei noch eine Ergänzung zum Seelenplan, denn nicht nur unsere Seele, sondern auch unser geistiges Team

führt uns durchs Leben. Sie unterstützen uns auf unserem Pfad, damit wir zufriedener leben und unseren Seelenplan erfüllen können. Denn unser Hauptgeistführer kennt unseren Seelenplan in- und auswendig. Das liegt daran, dass er bei der Planungssitzung vor unserer Inkarnation persönlich anwesend war. Nicht nur er, sondern auch einige Planer. Wie der Name schon sagt, sind die Planer Profis auf dem Gebiet der Inkarnation. Zusammen haben wir dieses *jetzige* Leben geplant.

Wie können wir mit ihnen in Kontakt treten?
Wir können uns mit ihnen verbinden, indem wir beten, meditieren und in Gedanken mit ihnen sprechen. Sie hören uns immer zu und freuen sich, wenn sie uns helfen können. Immerhin sind sie nur für uns da! Es ist sogar wichtig, dass wir sie um Hilfe bitten, denn Gott gab uns Menschen den freien Willen und das muss auch unser Hauptgeistführer respektieren. Er kann uns zwar Impulse senden und uns vor Gefahren schützen, aber ansonsten sind ihm wortwörtlich die Hände gebunden, wenn wir nicht darum bitten.

Eine weitere Möglichkeit ist „Sitting in the Power". Dabei gehört die Zeit nur dir und deinem Geistführer. Es dient dazu, eine bessere Verbindung zum Geistführer herzustellen. Setze dich dafür bequem hin und rufe deinen Geistführer herbei. Danach musst du nichts weiter tun. Bleibe ruhig sitzen und fühle. Auch wenn du anfangs nichts spüren solltest, gib dir Zeit und versuche es immer wieder. Zugleich hat dein Geistführer die Möglichkeit, dein Aurafeld zu reinigen oder andere Arbeiten an deinem Energiekörper vorzunehmen, auch wenn du das vielleicht nicht spüren wirst.

Wie sehen sie aus?

Dein Hauptgeistführer ist neutrale Energie, deren Aussehen mit einem Mini-Wirbelwind vergleichbar ist, aber er kann auch jede beliebige Form annehmen.

In einer Meditation oder zum Zeitpunkt des Todes kann sich dieser auch als Engel, Heiliger, Indianer oder als Lichtkugel zeigen, je nachdem, woran man selbst glaubt. Doch es ist immer die gleiche Energie: eine beschützende und liebevolle Energie.

Unsere Nebengeistführer tragen oftmals einen bodenlangen Umhang mit einer Kapuze. Dies dient dem Schutz ihrer lichtvollen und strahlenden Energie. Darunter verbirgt sich kein menschlicher Körper mehr, sondern Energie – besser gesagt, eine Energiewolke, die den Mantel ausfüllt.

Die Beschreibung dieser Gestalt mag sich im ersten Moment etwas gruselig anhören, da es bei uns oft als Halloween-Kostüm oder in Gruselfilmen die Rolle des Bösen spielt. Doch unsere Nebengeistführer sind pures Licht und Liebe.

Bei der ersten Begegnung im Himmel zeigen sie sich laut Aussage meines geistigen Teams mit dem Aussehen aus ihrer letzten Inkarnation, einschließlich Umhang. Ansonsten sind sie eher ohne menschlichen Körper und Gesicht anzutreffen.

Ist unser Hauptgeistführer auch bei uns, wenn wir sterben?
Ja, er wird bei uns sein und uns mit einem hellen Licht begrüßen, das uns ein Gefühl von tiefer Vertrautheit und Liebe vermittelt.

Worüber freut sich ein Geistführer?
Sie freuen sich, wenn wir mit ihnen kommunizieren, auch wenn wir sie noch nicht bewusst wahrnehmen können. Das Größte ist natürlich, wenn sie uns erwecken und wir sie fortan wahrnehmen können. Dadurch vertieft sich die Zusammenarbeit und stärkt die Bindung.

***

Erfahrungsbericht: Ein paar Monate zuvor...
Es ist Sonntagnachmittag. Ich sitze im Schneidersitz auf meinem Bett. Mein Blick schweift zum Fenster. Dicke Regentropfen fallen vom Himmel, und ich erinnere mich an ein Buch, das ich am Vortag beendet hatte. Es ging um ein Erlebnis, bei dem die Protagonistin auf ihren Geistführer traf. So wie sie das Wesen beschrieben hatte, musste ich sofort an mein Meditations-Erlebnis im Februar zurückdenken. Sie hatte ihn als ein helles

Licht beschrieben, das der Sonne ähnelte, voller Liebe. Plötzlich dämmerte es mir: War es etwa mein Geistführer gewesen, der mich damals in dieser lichtvollen Meditation versucht hatte zu erreichen?

Wie ich später erfuhr, lag ich mit meiner Vermutung richtig. Es war sozusagen ein Weckruf gewesen!

Aber heute – an diesem verregneten Tag – möchte ich eine Übung ausprobieren, die es ermöglichen soll, den eigenen Hauptgeistführer zu spüren. Dafür soll man sich auf einen Stuhl setzen oder bequem hinlegen und zur Ruhe kommen.

Ich lege mich mit dem Rücken auf meine weiche Matratze. Die Hände platziere ich neben meinem Körper, atme ein paar Mal tief durch und frage mich, ob das überhaupt funktionieren kann?! Ich nehme noch einen tiefen Atemzug und bitte schließlich meinen Geistführer darum, sich mir zu nähern.

Mein Herz beginnt zu pochen. „Oh mein Gott!", saust es mir durch den Kopf, denn ich spüre tatsächlich eine gewisse Energie oberhalb meines Körpers. Es ist, als würde sich ein schützender Mantel über mich legen, und dieser bringt mein eigenes Aurafeld wie Wellen zum Schwingen.

Was ist ein Aurafeld?
Ein Aurafeld ist ein elektromagnetisches Energiefeld, das unseren physischen Körper wie ein Lichtkranz

umgibt. Je nach Stimmung kann sich dessen Farbe än-
dern. Es gibt Menschen, die die Aura ihrer Mitmen-
schen sehen können.

Es soll uns Schutz vor Krankheiten und negativen Ein-
flüssen bieten. Daher ist eine gesunde Aura wichtig.
Neid, Wut und Sorgen können unsere Aura schwächen.

Um unsere Aura zu reinigen, empfiehlt es sich zu medi-
tieren oder Mantras zu singen bzw. zu hören. Je mehr
ein Mensch spirituelle Praxis ausübt und auf sich und
sein eigenes Wohlbefinden achtet, desto mehr kann sich
dieses Aurafeld ausweiten. Außerdem können wir da-
durch die feinstoffliche (geistige) Welt besser wahrneh-
men.

Als ich meinen Geistführer bitte, sich wieder von mir
zu entfernen, beruhigt sich mein Körper und Energiefeld wieder. Die wellenartigen Bewegungen nehmen
ab, und die Schwere, die sich jedoch nicht unangenehm
angefühlt hatte, verschwindet.

Als ich ihn schließlich darum bitte, seine Hände auf
meine Schultern zu legen, bin ich den Tränen nahe. Ich
spüre diese Energie und Schwere jetzt sehr deutlich auf
meinen Schultern. Es ist echt, keine Einbildung!

***

Ich lese, dass man seinen Geistführer fragen dürfe, wie
dieser heißen würde. Man solle sich hierfür in einen

Ruhezustand begeben. Der erste Name, der nach dieser Fragestellung auftaucht, wäre der Name des Geistführers. Es kam „Hildegard" heraus. Eigentlich ein Name, den ich nicht bewusst gewählt hätte, und genau deshalb nahm ich an, dass dieser Name auch wirklich stimmte. Erst Monate später, als ich mich mit ihr besser verständigen konnte, fand ich heraus, dass „Hildegard" nicht ganz richtig gewesen war. Trotzdem hatte meine Geistführerin die ersten Monate auf diesen falschen Namen reagiert, weil sie wusste, dass sie für mich jetzt „Hildegard" war.

In Wahrheit ist der Name aber gar nicht so wichtig, weil Geistführer in der geistigen Welt keinen Namen mehr haben. Stattdessen erkennen sie sich gegenseitig an ihren energetischen Schwingungen. Meine Geistführerin meinte, dass es auch vollkommen ausreichen würde, wenn wir unsere(n) Hauptgeistführer(in) einfach nur „Geistführer" nennen würden.

Bedenke, dass unsere Geistführer bereits unzählige Male gelebt und jedes Mal einen anderen Namen getragen haben. Wenn wir dennoch einen Namen erfahren, dann stammt dieser aus ihrer letzten Inkarnation. Aber im Allgemeinen ist es ihnen viel wichtiger, dass wir wissen, dass es sie gibt und dass wir lernen, sie wahrzunehmen.

***

Am Anfang meiner spirituellen Reise, wenn es in Büchern um das Thema Heilung ging, überblätterte ich diese Kapitel bewusst, denn ich hatte eine abgeneigte Haltung. Mir war zwar bewusst, dass man um heilende Energie bitten konnte, aber ich glaubte nicht daran. Besser gesagt: Noch nicht!

Doch eines Tages dachte ich mir: „Nun ja, ich habe ja gerade nichts zu verlieren." Der Grund hierfür war eine Muskelzerrung im rechten Oberschenkel, die mich plagte. Also legte ich mich auf meine Couch, schloss die Augen und atmete ein paar Mal tief durch. Daraufhin bat ich meine Geistführerin, sich mir zu nähern. Augenblicklich konnte ich ihre Energie oberhalb von mir wahrnehmen und bat sie um heilende Energie, mit dem Fokus auf mein rechtes Bein.

Plötzlich konnte ich ihre wellenartige Energie gezielt über meinem rechten Oberschenkel wahrnehmen. Hätte ich auf einem Stuhl gesessen, wäre ich wohl glatt vom Stuhl gefallen. Warum? Weil mir bewusst wurde, dass sie mich und meine Worte besser verstehen konnte, als ich angenommen hatte. Ansonsten wäre ihre Energie nicht direkt zu der gewünschten Stelle gewandert. Ich hatte wohl angenommen, dass ich diese heilende Energie gar nicht bewusst spüren würde, und wenn doch, dann wäre es womöglich ein Kribbeln am ganzen Körper, aber nicht an einer spezifischen Stelle.

Mir wurde schnell klar, dass man darauf aufbauen konnte, vor allem was die Kommunikation untereinander anging. Bis dato wusste ich nur, dass es sie gibt, da ich ihre Energie fühlen konnte, aber wir konnten bisher nicht bewusst miteinander kommunizieren. Doch scheinbar war noch viel mehr möglich, als ich mir je hätte vorstellen können.

Doch zurück zur heilenden Energie: In manchen Fällen kann solche energetische Heilung wirklich Wunder bewirken. Schon am nächsten Tag ging es meinem Oberschenkel um Welten besser. Ich war sprachlos!

Aber man sollte nicht meinen, dass ein Arztbesuch nicht mehr notwendig wäre. Ich denke, bei kleinen Wehwehchen oder als Ergänzung zu herkömmlichen Therapie-Maßnahmen mag es sehr nützlich sein.

***

Eines Tages lag ich im Bett und fragte meine Geistführerin laut, ob sie mich wirklich hören und verstehen könnte. Wenn ja, sollte sie bitte mit ihrer Energie zu meinem Kopfende wandern. Ich würde dies als ein „Ja" deuten.

Sekunden später spürte ich ihre Energie am Kopfende. „Wooowwww!!!", dachte ich verblüfft. Dann kam mir die glorreiche Idee, dass mein Fußende für ein „Nein" und mein Kopfende für ein „Ja" stehen könnte. Ich erklärte es ihr und begann, erste Testfragen zu stellen, deren Antworten ich kannte, um sicherzustellen, dass die Antworten stimmten. Es funktionierte tatsächlich!

Warum es sich lohnt, an der Verbindung zu deinem Geistführer zu arbeiten?

Es ist eine wunderbare Erfahrung, mit deinem Geistführer zu kommunizieren. Als mir klar wurde, dass ich plötzlich all die Fragen stellen konnte, die mich schon immer interessiert hatten, vor allem über unsere Existenz, war ich überwältigt. Es war, als würde mir das Paradies offenstehen. Was gibt es Schöneres, als plötzlich Antworten auf die Wieso?- und Warum?-Fragen des Lebens zu erhalten?

Am Anfang konnte ich nur Ja- oder Nein-Antworten empfangen, aber mittlerweile kommen auch bunte Bilder, Wörter und sogar ganze Sätze vor meinem inneren Auge zum Vorschein.

Jeder von uns kann diese Verbindung aufbauen, aber es erfordert etwas Übung. Die folgenden drei Punkte sind entscheidend:

1. ***Öffne deine Chakren*** und ***dein drittes Auge*** durch spirituelle Praxis. *Mein Tipp: Teste binaurale Klänge!*

2. Erhöhe deine ***Bewusstseinsfrequenz.***

3. Aktiviere deine ***Hellsinne.***

Wie du deine Bewusstseinsfrequenz erhöhst und deine Hellsinne aktivierst, wirst du in den folgenden Kapiteln noch erfahren.

Worum kann man das geistige Team bitten?

Du kannst dein geistiges Team um verschiedene Arten von Unterstützung bitten, darunter:

Heilende Energie:

Bitte dein geistiges Team, dir heilende Energie zu senden, wenn du krank bist oder Schmerzen hast. Ebenso kannst du deinen Geistführer darum bitten, diese Energie an einen lieben Menschen zu senden, der gerade gesundheitlich angeschlagen ist.

Schützende Energie:

Bitte um Schutz für dein Aurafeld. Dies kann besonders hilfreich sein, wenn du feinfühlig bist und dich in großen Menschenmengen aufhältst. Feinfühlige Menschen nehmen oft unbewusst die Energien anderer auf, was ihre eigene Energie schwächen kann.

Reinigende Energie:

Bitte dein geistiges Team, dich von negativen Energien zu befreien. Anfangs konnte ich damit wenig anfangen, aber als ich selbst mit unlichten Energien in Kontakt kam, wurde mir der Nutzen dieser Reinigung klar.

Was sind unlichte Energien?

Es ist bekannt, dass wir in einer Welt der Dualität leben – es gibt sowohl Lichtwesen als auch dunkle Wesen (lichte und unlichte Energien). Unlichte Energien haben eine niedrige Schwingung und existieren in der feinstofflichen Welt.

Aktuell sind sie besonders präsent und versuchen, sich in unseren Wurzel- oder Halschakra einzunisten. Ein blockiertes Wurzelchakra hindert uns an der spirituellen Entwicklung, während das Halschakra für eine klare Verbindung mit unserem Geistführer und unsere Authentizität steht.

Trotz ihrer Präsenz musst du keine Angst haben. Sie sind harmlos! Ihr einziges Ziel ist es, die Menschheit am Erwachen zu hindern, da sie in einem aufgewachten Zustand ihre Macht verlieren würden. Aus diesem Grund ist es wichtig, regelmäßig dein geistiges Team um Reinigung zu bitten.

Schutz durch Kristalle:

Neben der geistigen Reinigung kann auch der Einsatz von Kristallen hilfreich sein. Es gibt wunderbare Ketten und Armbänder, aber meiner Meinung nach sind Kristalle noch effektiver in ihrer Wirkung, wenn man sie direkt in der Hand hält. Sie beginnen oft zu pulsieren, und du spürst ihre energetische Wirkung. Eine gute Idee ist es auch, Kristalle in deinem Wohnraum aufzustellen, besonders in den Bereichen, in denen du dich

häufig aufhältst. Aber vermeide es, sie in eine Glas-
schale zu legen – dies mindert ihre Wirkung.

Räuchern als Reinigung:
Gelegentliches Räuchern kann ebenfalls hilfreich sein.
Es gibt sogenannte Salbe-Fackeln, die du online finden
kannst. Persönlich finde ich den Geruch dieser Fackeln
angenehm, aber das ist natürlich Geschmackssache.

Lichtmeditationen zur Reinigung:
Lichtmeditationen sind eine weitere wunderbare Mög-
lichkeit, sich zu reinigen und zu schützen. Hier zwei Va-
rianten:

Variante 1:
Beim Einatmen stellst du dir vor, wie du göttliches
Licht über das Kronchakra aufnimmst. Dieses Licht
breitet sich dann im gesamten Körper aus und bildet ei-
nen Schutzmantel aus hell strahlendem Licht um dich.

Variante 2:
Du kannst dir auch vorstellen, dass Sterne unterhalb
deines Körpers aufsteigen. Immer mehr Sterne erschei-
nen, bis du von einem strahlenden Lichtermeer umge-
ben bist.

Umgang mit dem Dunklen:
Ein wichtiger Hinweis zum Schluss: Wenn du mit dunk-
len Energien in Kontakt kommst, bleibe ruhig. Gib
ihnen nicht zu viel Aufmerksamkeit und sende ihnen
Liebe. Liebe ist eine kraftvolle Waffe, die das Dunkle

*abwehrt. Licht und Liebe sind die stärksten Kräfte, um
das Dunkle zu besiegen!*

Beruhigende Energie:
Bitte um beruhigende Energie, zum Beispiel bei Flug-
angst.

Stärkende Energie:
Bitte um neue, stärkende Energie, um wieder mehr
Kraft zu haben.

Inspirierende Energie:
Frage nach inspirierender Energie, um neue Ideen zu
finden und deine Kreativität zu fördern. Michael
Jackson sagte einst, dass er seine Inspiration und Einge-
bung für seine Songs „von oben" erhalten habe.

Segnung von Gegenständen:
Du kannst auch dein geistiges Team darum bitten, einen
Gegenstand, wie ein neu gekauftes Armband, zu seg-
nen, damit er dich schützt.

Segnung von Nahrung und Getränken:
Bitte um eine Segnung für dein Essen und deine Ge-
tränke, damit sie dir mehr Energie und Kraft verleihen.

Führung bei Entscheidungen:
Bitte dein geistiges Team um Rat oder Führung, wenn
du eine schwierige Entscheidung zu treffen hast.

Wie bekomme ich eine Antwort? Was sind Zeichen vom Geistführer?

Dein Geistführer wird dich auf unterschiedliche Weisen erreichen, beispielsweise über einen plötzlichen Gedankenblitz. Ich erinnere mich, wie ich einmal auf einem Schiff im Urlaub war und die Fahrt auf dem offenen Meer aufgrund des windigen Wetters turbulenter wurde, als erwartet. Innerlich geriet ich in Panik und wusste nicht, wie ich damit umgehen sollte. Plötzlich hörte ich eine innere Stimme, die mir sagte: „Lies ein Buch!" Sofort war mir klar, dass dieser Impuls von meiner Geistführerin kam, denn sie wusste, dass Lesen mir bei Nervosität und Angst immer half – und zufälligerweise hatte ich an diesem Tag tatsächlich ein Buch in meiner Handtasche dabei.

Ein weiteres Zeichen könnte ein Social-Media-Post sein, der zufällig ganz oben auf deiner Liste auftaucht und genau das Thema anspricht, zu dem du gerade Fragen hast. Genau das ist mir immer wieder passiert!

Vielleicht siehst du auch zufällig eine große Plakatwand oder ein Graffiti, das dir genau an diesem Tag auffällt. Dann sei aufmerksam! Es könnte eine Botschaft deines Geistführers sein. Schon ein kurzer Werbeslogan wie „Just do it!!" von Nike kann dir die Antwort auf deine Frage geben, besonders wenn es beispielsweise um einen möglichen Jobwechsel geht.

Bist du dir nicht sicher, ob es wirklich ein Zeichen von deinem Geistführer war? Dann warte ab! Weitere Zeichen werden folgen. Vielleicht siehst du am Nachmittag oder in den folgenden Tagen irgendwo einen auffälligen Sticker mit dem Aufdruck „JA!" oder eine Arbeitskollegin verteilt Törtchen mit der Aufschrift „YES" anlässlich ihres Geburtstags. Auch ein Song im Radio könnte aufpoppen, dessen Text die Antwort auf deine Frage widerspiegelt. Und keine Sorge, wenn es ein für dich wichtiger Song ist, wirst du ihn sicher hören – du wirst deine Aufmerksamkeit darauf lenken.

Du kannst auch direkt deinen Geistführer darum bitten, dir mit einem bestimmten Song zu antworten. Zum Beispiel: „Wenn du mir zustimmst, dann lass es mich über das Lied von [Künstler] mit dem Titel [Songname] wissen." Wähle dabei einen Song, der eher selten im Radio gespielt wird, damit du sicher sein kannst, dass die Nachricht wirklich von ihm kommt. Aber achte darauf, dich nicht zu sehr auf das Radio zu versteifen. Dein Antwort-Song könnte an den unterschiedlichsten Orten auftauchen: als Hintergrundmusik in einem Kaufhaus, in einem Werbeclip, von einem Straßenmusikanten gespielt oder sogar von einem Arbeitskollegen in der Mittagspause gepfiffen.

Ein weiteres Zeichen könnte ein Buch oder Magazin sein, das dir zufällig in die Hände fällt und genau die Informationen enthält, die du suchst. Ich erinnere mich, wie ich eines Tages auf dem Weg in die Küche war und meinen Zeitschriftenkorb im Wohnzimmer entdeckte. Er stand schräg zur Wand – was mich irritierte. Als ich den Korb näher betrachtete, fiel mir ein Buch auf, das ich vor Wochen in den Korb geworfen hatte. Es trug den Titel „Zeichen der Völker – Die illustrierte Kirchengeschichte". Ich nahm es in die Hand und fragte mich, was mich damals dazu bewegt hatte, es aus dem Bücherregal meiner Eltern zu nehmen. Ich blätterte schnell durch und stieß zufällig auf einen Artikel über Teresa von Avila, der sich mit dem menschlichen Verstand beschäftigte. Und was ich da las, war die Antwort auf eine Frage, die ich schon lange hatte. Es war ein AHA-Moment, ein „Jetzt verstehe ich es!"-Moment.

Was ich dir damit sagen möchte:
Wenn dir etwas ins Auge fällt, schau genauer hin. Vielleicht zieht dich ein bestimmtes Buchcover an, nicht nur wegen der Farben, sondern weil es genau für dich bestimmt ist.

***Es gibt keine Zufälle im Leben –
alles hat einen Grund!***

Manchmal kann sich auch ein inspirierendes Gespräch ergeben, sei es auf der Arbeit oder im privaten Umfeld, das versteckte Antworten für dich bereithält. Ein bestimmter Duft kann ebenfalls ein Zeichen sein, der dich an etwas oder jemanden erinnert, was für deine Frage von Bedeutung sein könnte.

Ein weiteres Zeichen könnten auch Autokennzeichen sein, deren Initialen dir etwas zu sagen scheinen, besonders wenn sie wiederholt auftauchen. Auch Engelszahlen – Zahlen wie 777 oder wiederholte Uhrzeiten wie 11:11 oder 22:22 – können eine Botschaft enthalten. Manche glauben, dass jede Zahl eine andere Bedeutung hat, aber ehrlich gesagt: Zerbreche dir nicht den Kopf darüber. Ich persönlich denke, dein Geistführer möchte dir mit solchen Zahlen einfach nur sagen, dass er dich hört und bei dir ist.

Und nicht zuletzt gibt es die berühmte „magische Feder". Ich erinnere mich, wie ich eines Morgens zur Arbeit fuhr und meinem geistigen Team ein Zeichen bat, um zu bestätigen, dass ich mit einer spirituellen Vermutung richtig lag. Als ich nach der Arbeit Richtung Parkhaus ging, flog plötzlich eine Feder genau vor meine Nase. Ich hob sie auf und blickte zum Himmel – weit und breit war kein Vogel zu sehen. Es war eindeutig ein Zeichen von meinem Geistführer. Und als ich wenige Minuten später im Parkhaus ankam, begann es wie aus Eimern zu regnen. Es war, als hätte der Regen nur darauf gewartet, dass ich die Feder empfange. Heute weiß ich, dass dieses Zeichen definitiv von meinem Geistführer kam.

Fazit: Sei aufmerksam und offen für Zeichen. Dein Geistführer spricht zu dir auf viele verschiedene Arten – sei es durch Gedanken, Zufälle oder direkte Hinweise. Vertrau darauf, dass alles, was dir begegnet, einen Sinn hat.

JENSEITSKONTAKTE

Wir sind Energie!
Unsere lieben Verstorbenen sind Energie!

Wir sind Energie und sie sind Energie – warum können wir sie dann nicht sehen oder gar kontaktieren? Das ist ganz einfach: *Wir schwingen nicht auf der gleichen Frequenz.*

Unser Tagesbewusstsein ist *zu* niedrig, um ihre hoch-schwingende Frequenz wahrnehmen zu können. Es ist wie bei einem Radio: Damit man einen Sender empfangen kann, braucht man eine Antenne, die uns jedoch fehlt. Es ist, als würden wir in einem Funkloch sitzen. Von daher können wir unsere Verstorbenen normaler-weise nicht wahrnehmen. Eine Ausnahme bildet eine kleine Gruppe von Menschen, deren Hellsinne aktiviert sind.

<u>Was sind Hellsinne?</u>
Der *„6. Sinn"* sind unsere Hellsinne, und damit ist es uns möglich, eine Verbindung mit der geistigen Welt herzustellen. Zudem stärken sie unsere Intuition. Bei manchen Menschen sind Hellsinne bereits bei der Ge-burt aktiviert, bei anderen entwickeln sie sich erst im Laufe des Lebens, und bei wiederum anderen nie.

Menschen mit aktivierten Hellsinnen können höhere Schwingungsfrequenzen wahrnehmen, die für uns Menschen mit einem normalen Bewusstsein nicht zugänglich sind. Dadurch ist es ihnen möglich, Botschaften von Verstorbenen, Engeln und ihrem geistigen Team zu erhalten und sich mit ihnen zu verbinden.

Vielleicht kennt der ein oder andere Pascal Voggenhuber oder seine Bücher? Er hat das Glück, dass er seit seiner Kindheit hellsehen kann – ein sehr seltenes Talent. Was heißt das? Es bedeutet, dass er feinstoffliche Wesen klar und deutlich sehen und mit ihnen kommunizieren kann.

Für die feinstoffliche Ebene gibt es übrigens sechs Sinne. Es sind unsere Hellsinne: Hellsehen, Hellfühlen, Hellhören, Hellwissen und Hellriechen/-schmecken. Anbei eine kurze Erklärung der vier wichtigsten:

Hellhören:
Beim Hellhören ist es einem Menschen möglich, Schwingungen auf der feinstofflichen Ebene akustisch wahrzunehmen. Zu Beginn mag sich das als ein oder mehrere hohe Töne bemerkbar machen, besonders während der Meditation. Je mehr diese Gabe ausgereift ist, desto mehr wird es einem im Laufe der Zeit auch möglich, Botschaften aus der geistigen Welt zu empfangen, indem man die Frequenzen übersetzen kann. Immerhin ist eine Unterhaltung nichts anderes als eine Frequenzübertragung.

Hellwissen:

Menschen mit dieser Fähigkeit wissen oftmals, was andere denken, als könnten sie ihre Gedanken lesen. Ihre Intuition ist ebenfalls sehr stark ausgeprägt, sodass sie Entscheidungen oft aus dem Bauch heraus treffen. Sie besitzen das Talent, Dinge zu wissen, obwohl sie manchmal nicht wissen, woher dieser Impuls kommt. Ihnen wird das Wissen buchstäblich zugeweht. Andere wiederum können durch Hilfsmittel wie Kartenlegen sogar die Zukunft voraussagen.

Hellfühlen:

Diese Menschen nehmen die Energien aus der feinstofflichen Welt über das Fühlen wahr. Sie können geistige Wesen zwar nicht sehen, aber ihre Anwesenheit deutlich spüren und erhalten Botschaften über das Fühlen.

Hellsehen:

Es gibt Menschen, die Verstorbene, Geistführer und geistige Wesen sehen können. Andere nehmen lediglich Bilder, Farben und Visionen durch ihr inneres Auge wahr. Es sind sozusagen Botschaften, die jedoch erst noch entschlüsselt werden müssen. Ein Bild kann zum Beispiel eine Emotion darstellen, die übermittelt werden soll.

Immer dann, wenn eine innere Offenheit entsteht, die es einfach zulässt, ohne es mit Druck zu erzwingen, wird es für uns möglich, unsere Hellsinne zu aktivieren.

Denn diese Fähigkeiten sind im Potenzial immer vorhanden und werden in den jeweiligen Inkarnationen aktiviert, genutzt und ausgebaut. Allerdings möchte nicht jeder Mensch in jeder Inkarnation diese Fähigkeiten ausleben. Das kann unterschiedliche Gründe haben, manchmal liegt es an Blockaden aus vergangenen Leben.

Hochsensible Menschen mit einem großen Empathiegefühl haben oft einen Vorteil, da es für sie leichter ist, ihre Hellsinne zu aktivieren. Das liegt an ihrer Sensitivität und Feinfühligkeit.

Bei Menschen, die in ihren vorherigen Leben bereits eine tiefe Verbindung zur geistigen Welt hatten, werden diese Fähigkeiten gewöhnlich auch schneller reaktiviert als bei anderen.

Für alle anderen besteht die Möglichkeit, ihre Hellsinne durch die folgenden drei Punkte zu aktivieren:
1. *Bewusstseinsfrequenz* erhöhen

2. Das *dritte Auge* öffnen

3. Die *Kundalini-Energie* aktivieren

Aber es gibt auch noch andere Wege, um einen Jenseitskontakt herzustellen:

Astralreisen

Es ist generell möglich, Verstorbene bei einer Astralreise zu treffen, denn das Leben im Himmel findet ebenfalls auf einer Astralebene statt. So schwingt man bei einer Astralreise auf der gleichen Frequenz.

Seelenreading mit einem Medium

Manchmal meldet sich über diese Methode ein Verstorbener zu Wort und hinterlässt eine Nachricht. So geschah es bei einem meiner Seelenreadings, bei dem ich eine Nachricht von meiner verstorbenen Oma erhielt. Es waren Worte, die mich zutiefst berührten und perfekt zu meiner aktuellen Situation passten.

Träume

Manchmal erscheinen uns Verstorbene in Träumen, die sehr realitätsnah wirken. Diese Träume kann man sich oft noch lange nach dem Aufwachen lebendig in Erinnerung rufen.

Jenseitskontakt mit einem Medium

Eine Sitzung mit einem Medium findet entweder vor Ort oder via Zoom/Skype statt. Dabei verbindet sich das Medium mit dem Jenseits, um Kontakt zu einer gewünschten Person herzustellen.

Das Medium benötigt keinerlei Informationen über den Verstorbenen. Im Gegenteil, es wird die Person aus dem Jenseits ausführlich beschreiben und Informationen weitergeben, sodass wir sie auch erkennen können.

Stört man damit nicht die Totenruhe?
Nein. Stell dir mal vor, du wärst wieder zu Hause, auf
der anderen Seite im Himmel. Du kannst deine Liebsten auf der Erde noch immer sehen und sogar besuchen.
Nur leider können sie dich nicht mehr wahrnehmen.
Wie gerne würdest du deinen Hinterbliebenen dann sagen können: *„Mir geht es gut. Im Himmel ist es ganz
wunderbar. Ich bin noch da! Wir sehen uns bald wieder!"* In diesem Sinne ist ein Jenseitskontakt eine wunderbare Sache.

Wie wird ein Verstorbener wahrgenommen, wenn ein
Medium ihn sieht?
Unsere lieben Verstorbenen haben in der geistigen Welt
noch einen menschenähnlichen Körper, aber eher in der
Form eines Geistes, nicht mehr materiell. Wenn man
sie sehen könnte, würden sie jünger aussehen, oft wie
20 oder 30 Jahre alt und sie können sich nun in Gedan-
kenschnelle fortbewegen, da sie reine Energie sind.

Was sind Zeichen von Verstorbenen?
Es gibt keinen Spuk von bösen Wesen – es handelt sich
wahrscheinlich um einen lieben Verstorbenen, der auf
sich aufmerksam machen möchte. Hier einige Zeichen:

- Flackerndes Licht

- Ein Radio, das plötzlich anfängt zu spielen

- Berührungen: Kribbeln, Gänsehaut, sanftes
  Streicheln auf der Haut, ein Gefühl von

Wärme oder Kälte oder ein leichter Wind-
hauch

- Tiere, wie ein Schmetterling oder eine Libelle.
  Oder Tiere, die unpassend für die Jahreszeit
  erscheinen, wie eine Biene im Frühling

- Ein Regenbogen

- Das Gefühl, dass jemand da ist

- Wer kennt das nicht? – Während man läuft,
  hat man plötzlich das Gefühl, dass jemand
  hinter einem ist. Wenn man sich umdreht, ist
  jedoch niemand zu sehen. Dies könnte ebenfalls auf die Präsenz eines Verstorbenen hin-
  deuten. Manchmal ist es auch einfach ein Gefühl, das einen umgibt.

**Eine Geschichte von zwei Frauen und einem
Spukphänomen:**

Es ist Silvester. Mutter und Tochter stehen zusammen
in ihren bunten Weihnachts-PJs im Esszimmer. Sie feiern die Jahreswende in ihrem warmen, trauten Heim.
Der schön geschmückte Weihnachtsbaum ist noch im
Hintergrund zu sehen.

Weihnachten – normalerweise ein Fest, an dem die Familie zusammenkommt, doch nicht in diesem Jahr. Sie
mussten vor kurzem einen schweren Verlust erleiden:

Ihren geliebten Ehemann und Vater haben sie verloren.
Deshalb bevorzugen sie heute Abend die Zweisamkeit.

Als es Mitternacht schlägt, umarmen sie sich fröhlich,
aber erstarren im nächsten Moment, als eine weihnacht-
liche Spieluhr auf der gegenüberliegenden Kommode
plötzlich zu spielen beginnt. „Moment mal... die ist
doch kaputt!" Fassungslos schauen sie auf die Spieluhr.
Wer hat sie aufgezogen? Warum funktioniert sie plötzlich wieder? Tausende von Fragen schwirren ihnen
durch den Kopf.

Der Grund, warum die Spieluhr nicht im Müll gelandet
ist, ist, dass sie ein Erinnerungsstück an ihren Vater und
Ehemann darstellt. Er hatte sie einst sehr geliebt.

Sie stehen immer noch wie angewurzelt da und lau-
schen der Melodie, bis es endlich Klick macht: „Das
war er!", ruft die Tochter aufgeregt. Sie sehen sich an
und nicken. „DAS WAR ER!", wiederholt die Mutter.
„Er ist hier!" Sie beginnen herzlich zu lachen und hüp-
fen vor Freude durchs Zimmer.

*So war es – ihr Vater und Ehemann hatte sich durch
dieses Spukphänomen bemerkbar gemacht. Vielleicht
war er den ganzen Abend schon bei ihnen, aber sie hatten ihn nicht wahrgenommen.*

*Übrigens, wenn solche Phänomene auftreten, möchten
uns die Verstorbenen keine Angst machen, sondern sich
einfach auf sich aufmerksam machen.*

Meine Erfahrungen:
Ich erinnere mich noch gut an den Tag, an dem mir bewusst wurde, dass ich Hellfühlen kann. Zwar hatte ich meine Geistführerin schon seit einiger Zeit wahrgenommen, doch viele Bücher ließen mich glauben, dass diese Fähigkeit prinzipiell jeder erlernen kann und das es nichts mit Hellsinnen zu tun hätte und genau deshalb hatte ich mich nie wirklich intensiv mit diesem Thema beschäftigt.

Mein Interesse galt vor allem der Frage, woher wir Menschen kommen – eine reine Neugier. Aber vielleicht gerade weil ich das alles ohne Druck und Erwartungen anging, war es mir möglich, meine Hellsinne zu aktivieren. Die Zeit in der Stille und beim Meditieren half mir, ohne dass ich es bewusst anstrebte.

Rückblick...
Ich nippe an meinem Kaffee und lausche den Gesprächen der anderen. Der Kaffeeduft schwirrt durch die Luft, und vor mir stehen allerlei Leckereien: Kuchen und Torten. Es ist mehr als genug da, denn die Verwandtschaft meiner Mutter ist zu Besuch. Früher gab es solche Familientreffen tatsächlich häufiger, doch durch Corona war der Kontakt irgendwie eingeschlafen. Heute sind alle mal wieder an einem Ort vereint – und das ist wirklich etwas Besonderes. In gemütlicher Runde sitzen wir um zwei große Tische. Die Stimmung ist prächtig. Es wird viel gelacht und erzählt.

Meine jüngere Schwester hat für den Nachmittag einen saftigen Zitronenkuchen gebacken, genauso wie den, den es früher bei Oma immer gab. An Sonntagen, wenn wir sie besuchten, gab es immer Kaffee und Kuchen – und ich glaube, jeder von uns liebte ihren saftigen Zitronenkuchen. 5 Jahre sind es nun schon, seit sie von uns gegangen ist, stellen wir erstaunt fest. Wo ist nur die Zeit geblieben? Gemeinsam schwelgen wir in Erinnerungen und schwärmen von ihrem Kuchen.

Oma Bettina war eine unglaublich liebevolle Person. Als ich klein war, machte sie uns immer die besten Waffeln der Welt. Meine Schwester und ich schwärmen noch heute davon. Sie brachte uns auch Mikado, Halma, Mühle und viele andere Spiele bei. Ich war immer gerne bei ihr – sie war meine Lieblings-Omi.

Plötzlich nehme ich eine Energie wahr. Ich vermute, es ist meine Geistführerin. Es ist fast schon alltäglich geworden, ihre schwingende Energie um mich zu spüren, sodass ich dem nicht weiter viel Beachtung schenke. Doch während ich den Erzählungen meiner Cousine lausche, die strahlend von ihrem letzten Urlaub berichtet, merke ich, dass diese Energie anders ist als sonst. Die Schwingung fehlt, und die Energie scheint fast aufdringlich zu sein – ich spüre sie in Form von Berührungen an meinem Körper.

Es fühlt sich an, als wollte sie *meine Aufmerksamkeit erlangen,* und das gelingt ihr auch. In einem Moment streichelt diese Energie sanft meinen Arm. Ich zucke leicht zusammen. Was passiert hier gerade? Sekunden später nehme ich diese Energie an meiner Stirn wahr. Mein Blick wandert nach rechts – und ich sehe, wie eine meiner Ponysträhnen sich leicht hin und her bewegt. Mein Herz pocht. Ist das möglich? Ich kann es kaum fassen. Aber ich beobachte es eine Weile, bis ich meine Hand schnell durch mein Haar streiche, um sicherzustellen, dass niemand anderes es sieht.

Doch das war noch nicht alles. Kurz darauf spüre ich einen kühlen Windzug, obwohl es draußen windstill und warm ist. In dem Raum, in dem wir uns aufhalten, gibt es keine Klimaanlage. Was oder wer war das?

Es fühlt sich an, als wolle diese Energie meine volle Aufmerksamkeit – und sie hat es geschafft. Ich bin völlig von den Gesprächen um mich herum abgelenkt. Im nächsten Moment wandert die Energie zu meinem Unterschenkel. Ich habe meine Beine überkreuzt, und plötzlich beginne ich, meine Wade unaufhörlich zu spüren, als würde etwas sanft gegen sie klopfen. Es fühlt sich an, als würde mein Bein von selbst leicht wippen – aber ich bewege es nicht! Ich bin sprachlos. Es kommt mir vor, als würde diese Energie sagen: *„Hallo, nimm mich wahr! Ich bin auch noch da!"*

Ich bin verwirrt. Wer oder was ist diese Energie? Ich rufe in Gedanken nach meiner Geistführerin, um Klarheit zu bekommen. Sofort spüre ich ihre beruhigende Energie hinter mir. Ja, das ist sie! Aber gleichzeitig

nehme ich noch *diese fremde Energie* wahr. Zwei verschiedene Energien sind also gleichzeitig in meiner Nähe – und ich beginne, Fragen zu stellen:
„Ist noch ein anderes geistiges Wesen im Raum?"
„Ja!", antwortet meine Geistführerin, indem ihre Energie sanft zu meinem Kopf wandert.

„Ist es meine verstorbene Oma Bettina?"
„Ja!" – Die Energie meiner Geistführerin pocht förmlich in meinem Kopf, als wolle sie mir sagen: „Jaaaa, genau! Sie ist es! Wow, du kannst sie spüren!"

Ich bin aufgeregt und verwirrt zugleich. Besser gesagt: Es überfordert mich, also versuche ich, mich den Rest des Nachmittags auf die physische Welt zu konzentrieren, alles andere jedoch auszublenden.

Verarbeitung der Erfahrung...
Nach der Feier finde ich endlich einen Moment der Ruhe, um all das zu verarbeiten – doch es fällt mir schwerer, als ich erwartet hatte. Ich laufe nervös in meinem Wohnzimmer auf und ab und denke immer wieder über das Geschehene nach: „Das kann nicht sein. Wie soll das möglich sein?" Ein Gänsehaut-Schauer überkommt mich, und ich denke: „Ich werde verrückt!"

Ich setze mich schließlich auf mein beigefarbenes Sofa und rufe meine Geistführerin in Gedanken an. Ich brauche Gewissheit. Wieder beginne ich, Fragen zu stellen:

„War die zweite Energie, die ich wahrgenommen habe, wirklich da?" „Ja."

„War es ein anderer Geistführer, den ich noch nicht kenne?" „Nein."

„War es meine Oma?" „Ja!" – die Energie pocht wieder in meinem Kopf.

„Ist sie wirklich hier bei mir?" „Ja."

Und im gleichen Moment spüre ich eine sanfte Berührung an meinem Arm. Ich lasse sie zu, aber verkrampfe innerlich. Die Berührung überfordert mich wieder, und ich kann sie kaum fassen. Mein Verstand ist noch nicht bereit, all das zu akzeptieren.

Ein weiteres Zeichen...
Am nächsten Tag, nach der Arbeit, finde ich ein paar alte Filmaufnahmen von Weihnachten aus meiner Kindheit und Jugend. Darauf ist auch meine Oma zu sehen. Ich habe diese Aufnahmen schon lange nicht mehr angeschaut. Doch während ich die Videos ansehe, bemerke ich sofort die Anwesenheit meiner Oma. Ihre energetische Schwingung ist wieder da – und ich erkenne sie sofort. Ihre Energie pocht förmlich, als wolle sie mir sagen: „Ja, das bin ich!"

Zugleich erinnere ich mich an ein Seelenreading, bei dem mir ein Medium eine Nachricht von meiner Oma übermittelt hatte. Ich höre die Audio-Datei noch einmal an, und als ich die Stelle erreiche, an der sie mir eine Nachricht hinterlassen hatte, beginne ich erneut zu spüren, wie ihre Energie wild in mir und um mich herum pocht. Es ist, als wolle sie mir sagen: „Ja, diese Nachricht ist von mir!"

Die Botschaft, die sie mir übermittelt hatte, lautete:
„Ich bin immer an deiner Seite und stolz auf dich. Du wurdest mit so viel Liebe und Geduld erzogen. Zweifle nicht an dir selbst. Geh den nächsten Schritt. Halte nicht an alten Glaubensmustern fest. Es ist jetzt an der Zeit, deinen Glauben zu dir selbst zu finden. Ich werde dich begleiten."

Mit diesen Worten begann ich zu verstehen, dass ich diese Botschaft wirklich wörtlich nehmen sollte.

***

Heute bin ich unglaublich dankbar für diese Erfahrungen. Ich sehe sie als ein großes Geschenk an und habe schon viele Freudentränen vergossen. Doch wie heißt es so schön? Das Leben steckt voller Überraschungen. Gerade als ich mich daran gewöhnt hatte, dass meine Oma nun wieder ein Teil meines Lebens ist, tauchten immer mehr neue Energien auf – **jede mit ihrer eigenen Signatur** und einer einzigartigen Art, sich bemerkbar zu machen. Es waren nicht nur meine Großeltern, sondern auch meine Urgroßeltern, die regelmäßig bei mir zu Besuch kamen. Durch diese Erfahrungen konnte ich eine tiefere Verbindung zu ihnen aufbauen *und erfuhr sehr viel über das Leben im Jenseits.*

Ich werde euch in einem späteren Kapitel mehr darüber berichten, wie es im Jenseits aussieht und welche Antworten ich von meinen lieben Verstorbenen erhalten habe.

***

Trost und Weisheit aus der geistigen Welt...
Ich hoffe, dass euch diese Erlebnisse Trost spenden können. Auch wenn ihr eure lieben Verstorbenen nicht bewusst wahrnehmen könnt, so sind sie doch immer bei euch.

Besonders an Geburtstagen oder Familienfesten kommen sie gerne vorbei, genießen die Zusammenkünfte und freuen sich, wenn an sie gedacht wird. Wenn wir an sie denken, merken sie das. Besonders schön ist es, wenn es sich um freudige, gemeinsame Momente handelt.

Vielleicht stehen uns unsere Verstorbenen nun sogar näher als je zuvor, da sie alles aus der geistigen Welt mitbekommen. Sie freuen sich auf ein Wiedersehen, genauso wie wir.

„Ich bin noch da.
Ich bin nur nebenan im Raum.
Ich kann euch sehen.

Ich kann euch hören.
Wie durch einen Schleier hindurch.
Unsere Seelen sind verbunden.
Schon immer und auf ewig. "

BIN ICH JETZT VERRÜCKT?

Es gab Tage, da dachte ich selbst: „*Oh man! Jetzt drehst du wohl komplett durch! Hm... vielleicht habe ich ja eine Psychose... oder wie kommt es, dass ich plötzlich Verstorbene und meinen Geistführer wahrnehmen kann?*"

Feinstoffliche Wesen spüren können?

Das konnte doch gar nicht möglich sein!, dachte ich, und es führte schließlich dazu, dass ich eines Tages nach psychischen Krankheiten googelte: Psychose, Schizophrenie und Wahnvorstellungen – aber das, was ich da las, passte nicht zu mir, und zwar aus einem einzigen Grund: Ich war so glücklich und zufrieden wie nie zuvor in meinem Leben und strahlte dies auch eindeutig aus. Immer wieder wurde ich darauf angesprochen. Ich fühlte mich ausgeglichen und frei – befreit von den gesellschaftlichen Fesseln.

Stattdessen las ich viel von depressiven Verstimmungen, Verfolgungswahn, innerer Leere und davon, dass man dabei oft die Kontrolle über das Leben verliere und auf Hilfe angewiesen sei, da man seinen Alltag nicht mehr bewältigen könne. Aber ich vernachlässigte weder meine Wohnung, noch meinen Job oder meine sozialen Kontakte. Es war ausnahmsweise mal ***alles im***

Gleichgewicht, nur dass ich neuerdings Erfahrungen machte, die ich mir nicht erklären konnte.

Wie bei so vielen Themen in den letzten Monaten, begann ich mich auch hiermit näher zu beschäftigen und fand weitere Merkmale, die klar machten, dass es zwischen einem spirituellen Erwachen und einer psychischen Störung eindeutige Unterschiede gab:

- Bei einer psychischen Erkrankung sieht man besonders in der Akutphase keinen Sinn darin, seine Erfahrungen teilen zu wollen, denn es herrscht zu diesem Zeitpunkt viel zu viel Chaos im Leben.
- *Jemand, der spirituell erwacht ist, erzählt und teilt seine Erfahrungen gerne mit anderen. Es geschieht mit so viel Lebensfreude, dass es ihre Positivität ansteckend sein kann.*

- Menschen mit einer Psychose haben oftmals einen starren Blick. Gefühlsblindheit und zuckende Augen sind keine Seltenheit. Zudem fällt es Erkrankten schwer, ein bewegendes Objekt mit den Augen zu verfolgen, weshalb auch ein konstanter Augenkontakt kaum möglich ist.
- *Hingegen bei Menschen, die spirituell erwachen, sieht man ein Lachen in ihren Augen. Sie strahlen! Sie können auch problemlos Blickkontakt halten.*

- Patienten mit einer Psychose leiden gewöhnlich unter starker Unruhe. Sie haben weniger Energie und Antrieb. Es kann sogar zu Desorientierung führen.

- *Menschen, die spirituell erwachen, erleben ein neues positives Sein-Gefühl, wodurch sich ihr Wesen zum Positiven hin verändert. Das kann sich dadurch zeigen, dass sie anderen gegenüber geduldiger und mitfühlender werden. Es stellt sich eine gewisse innere Ruhe und Leichtigkeit in ihr Leben ein.*

- Die Erlebnisse in einer Psychose und bei Wahnvorstellungen sind oft negativ und beängstigend, was zu einer erheblichen Einschränkung im Leben der Betroffenen führen kann.

- *Bei einem spirituellen Erwachen werden die Erlebnisse eher als eine positive, transformierende Erfahrung angesehen, was wiederum mit einem neuen Freiheitsgefühl und mehr Harmonie in Verbindung gebracht wird.*

Unsere Glaubenssätze und Prägungen, die auf unseren Erfahrungen im Leben basieren, formen unsere Realität. So war es kein Wunder, dass ich eines Tages an mir selbst zu zweifeln begann, weil das, was ich da gerade erlebte, nicht zu dem passte, was mir beigebracht wurde. Wir müssen uns bewusst machen, dass wir in einer verstandesorientierten Gesellschaft leben, die in einer logischen Welt gefangen ist. Unsere eigene Wahrheit beruht auf *falschen* Programmierungen.

***

Wer ist verrückt?

Als verrückt gelten Menschen, die nicht der Norm entsprechen. Doch da stellt sich mir die Frage: Was ist die Norm? Wer legt die Regeln dafür fest? Die Gesellschaft?

Wir müssen aufhören, in Statistiken zu denken, denn Querdenker sind wichtig. Sonst würden wir noch heute denken, dass die Erde flach ist. Wie absurd muss es damals für die Menschen geklungen haben, dass die Erde rund sein soll? Querdenker sind manchmal auch Genies! Was würden wir ohne Nikola Tesla machen? Ohne seine Erfindungen wäre es mir gerade nicht möglich, meinen Text in Word auf meinem Computer zu tippen und die Radioübertragung hätte es womöglich auch nicht gegeben.

„Alles im Universum sei Energie und Schwingung", meinte er um 1900. Zu der Zeit eine ziemlich gewagte These. Doch er bewies, dass er Recht hatte, indem er eine drahtlose Glühbirne in seiner Hand zum Leuchten brachte.

Nur wer nicht im Strom mitschwimmt, kann etwas verändern!

Unsere Gesellschaft ist gerade dabei aufzuwachen. Wir sollten uns fragen, ob diese festgelegten Normen überhaupt noch der Zeit entsprechen. Vielleicht sind diese Menschen nicht die Verrückten unserer Gesellschaft, sondern die Mutigen! Sie haben den Mut, das zu sagen, was sie denken. Es sind diejenigen, die zu sich selbst stehen, Vertrauen in sich haben und authentisch sind – so wie auch *Teresa von Ávila.*

Durch Zufall stieß ich auf ein Buch von ihr. Sie lebte von 1515 bis 1582 in Spanien und war Karmelitin und Mystikerin. Es heißt, dass sie eine der wichtigsten Frauen der Kirchengeschichte sei und sie wurde sogar heiliggesprochen. Mit viel Mut konnte sie sich zu jener Zeit gegen die Männer- und Theologenwelt durchsetzen und versuchte, ihr Wissen in Klöstern und in Büchern mit der Welt zu teilen. Denn Teresa hatte bereits vor über 500 Jahren etwas sehr Wichtiges begriffen, was viele Menschen heute noch nicht verstehen:

Sie war der Meinung, dass der Verstand und der Wille einer höheren Wirklichkeit Platz machen müssen, weil der Verstand eine Blockade darstellt. Wenn man das Göttliche in sich entdecken möchte, müsse man den *Verstand ausstellen*. Nicht alles könne mit Logik erklärt werden!

„Es gibt Manches, das wir einfach nicht über unseren menschlichen Verstand wahrnehmen können. Es übersteigt unsere Vorstellungskraft, und um die geistige Welt verstehen zu können, müssen wir uns schlichtweg

von unserem menschlichen Denken und unserem Verstand verabschieden."

***

Als ich eines Tages auf das **Thema Bewusstseinszustände** stieß, machte es endgültig „KLICK" bei mir. Wir Menschen leben zwar alle zusammen in der gleichen Welt, aber unsere Realitäten können trotzdem unterschiedlich ausfallen. Unsere Wahrnehmung ist von unserer eigenen Bewusstseinsfrequenz abhängig. Darauf möchte ich gerne im nächsten Kapitel detaillierter eingehen.

UNSER BEWUSSTSEIN

Jeder Mensch schwingt auf seiner *eigenen Frequenz,*
und diese bestimmt, wie viel jeder von uns wahrnimmt.
Je höher unsere Bewusstseinsfrequenz ist, desto mehr
Dimensionen können wir wahrnehmen. Das Wort „Dimension" kann übrigens leicht zur Verwirrung führen,
denn es bezeichnet keinen Ort oder eine Parallelwelt,
wie es in Science-Fiction-Filmen oft dargestellt wird.
Vielmehr handelt es sich um eine metaphysische
Ebene, die als Bewusstseinsfrequenz verstanden werden kann. Alle Dimensionen existieren übrigens neben-
einander.

Was heißt „mehr wahrnehmen" können?
Wir leben in einem menschlichen Körper in einer physischen Welt, und viele Menschen glauben, dass es
nichts anderes gibt. Das liegt daran, dass sie aufgrund
ihrer niedrigen Bewusstseinsfrequenz nur das wahrnehmen, was sie über ihre fünf menschlichen Sinne erfas-
sen können. Doch wenn wir unsere Bewusstseinsfrequenz erhöhen, beginnen wir, das bisher Unsichtbare
wahrzunehmen. Die geistige Welt war immer schon um
uns herum, und wir sind weder von Gott noch von unseren verstorbenen Liebsten oder unseren Geistführern
getrennt.

Wir Menschen leben auf der Erde in der *3. **Dimension,*** auch als Massenbewusstsein bekannt. Die 3. Dimension ist zugleich die *niedrigste Dimension,* in der ein Leben für den Menschen möglich ist. Alles, was sich darunter befindet, hat nichts mehr mit Licht und Liebe zu tun. Es ist die Welt der unlichten Wesen.

In der 3. Dimension dreht sich unser Leben um die *materielle Welt,* um Besitz, Macht, Regeln und Bewertungen. Es ist wie ein Leben in einem Würfel, dessen Wände unsere Begrenzungen darstellen. Was hinter diesen Wänden liegt und welche anderen Dimensionen es noch zu entdecken gibt, blieb den meisten bislang verborgen. Das liegt daran, dass wir Gefangene einer **Matrix** sind. Wie es dazu kam, werde ich später noch erläutern.

Nur wenige hatten bisher die Möglichkeit, über den Tellerrand zu schauen. Aber es gibt sie, die das Große und Ganze bereits kennengelernt haben. Sie stammen aus verschiedenen Kulturen und Epochen. Einige wurden mit einer höheren Bewusstseinsfrequenz geboren, andere sind sogenannte Herzensmenschen, die stets ihrer größten Leidenschaft gefolgt sind und dadurch ihre Bewusstseinsfrequenz erhöhen konnten. Darunter finden sich Schriftsteller, Dichter, Musiker, Künstler der Malerei und des Kunsthandwerks. Auch religiöse Persönlichkeiten wie Franz von Assisi, Hildegard von Bingen und Teresa von Ávila, von der ich bereits im vorherigen Kapitel berichtete, gehören dazu.

Bewusstseinszustände

Habt ihr schon einmal von Dr. David R. Hawkins gehört? Durch seine langjährige Tätigkeit als Psychiater sammelte er viele Erfahrungen und begann sich zunehmend mit dem Thema menschliches Bewusstsein zu befassen. In erster Linie ging es ihm darum, emotionale Zustände und deren Reaktionen zu untersuchen.

Er teilte die verschiedenen Stufen des Bewusstseins auf einer Skala von 1 bis 1000 in einer Tabelle ein. Das durchschnittliche Bewusstsein der Menschheit liegt bei etwa 250. Die unteren Ebenen stehen für unseren Überlebensmodus, was bedeutet, dass wir uns im Mangel fühlen und eher lebensvermeidend agieren. Ab einem Wert von 200 kommen wir in den Schöpfermodus. Unser Bewusstsein dehnt sich aus, und unsere Einstellung wird lebensbejahender. Ab diesem Punkt fällt es uns auch leichter, zwischenmenschliche Beziehungen zu entwickeln. Je höher wir steigen, desto mehr beginnen wir, uns selbst zu reflektieren, was zu innerem Wachstum führt.

Hier eine Übersicht:
Gemessen in LOC-Werte(Level of Consciousness)

700–1000: Erleuchtung, reines Bewusstsein
600: Frieden
540: Freude
500: Liebe, Verehrung
400: Vernunft
350: Akzeptanz

310: Bereitschaft

250: Neutralität

200: Mut

175: Stolz

150: Zorn

125: Begierde

100: Angst

75: Trauer

50: Apathie

30: Schuld

1-20: Scham

Natürlich können unsere Bewusstseinszustände je nach Stimmung schwanken, aber es geht um unsere Grundfrequenz, die relativ konstant bleiben sollte. Dies ist unter anderem durch eine positive Grundeinstellung möglich. Ab einer Frequenz von über 600 LOC (Level of Consciousness) ist es uns nicht mehr möglich, zurückzufallen, da sich unser Bewusstsein grundsätzlich verändert hat. Wenn wir diesen Punkt erreichen, leben wir im Einklang mit uns selbst. Gefühle wie Wut, Hass oder Groll treten in den Hintergrund, stattdessen empfinden wir tiefes Mitgefühl und Vergebung gegenüber unseren Mitmenschen.

Wenn sich unser Kronchakra öffnet, befinden wir uns auf dem Weg dorthin. Die höchste Frequenz liegt bei 1000 LOC, was etwa dem Bewusstsein von Buddha oder Jesus entspricht.

Wie kann man sich das besser vorstellen?
Hier möchte ich einen Text aus dem Buch *Christina –
Zwilling als Licht geboren* von *Christina von Dreien*
wiedergeben, der dies meiner Meinung nach wunderbar
anhand eines Aquarium Beispiels beschreibt:

Zwei Menschen sitzen in einem Aquarium. Einer von
ihnen ist ein tief schwingender Mensch mit einer Bewusstseinsfrequenz von etwa 150 LOC (= Level of
Consciousness), und der andere ist ein höher schwingender Mensch mit einer Frequenz von etwa 600 LOC.

In diesem Aquarium schwimmen nun ganz viele ver-
schiedenfarbige Fische umher: violette, blaue, türkisfar-
bene, grüne, gelbe, orangefarbene, rote usw. Jede
Fischfarbe steht für eine Dimension, also beispielweise:
violett = 2. Dimension,
blau = 3. Dimension,
türkis = 4. Dimension und
grün = 5. Dimension.

Die beiden Menschen sehen aufgrund ihrer persönlichen Schwingungsfrequenz folglich nicht alle vorhan-
dene Fische, sondern sie sehen nur diejenigen in ihrer
eigenen Frequenz sowie jene unterhalb ihrer Frequenz.

Für den einen Menschen sind demnach lediglich die violetten und blauen Fische sichtbar, obschon es in seinem Aquarium noch ganze viele andere Fische gibt.

Der zweite Mensch vermag mit einer höherdimensionalen Sicht zusätzlich zu den violetten und blauen Fischen auch noch die türkisfarbenen und die grünen Fische wahrnehmen, denn seine Sicht ist in diesem Beispiel fünfdimensional.

Doch auch er ist nicht imstande, die gelben, die orangefarbenen und die roten Fische zu sehen, da sich diese in der 6., in der 7. und in der 8. Dimension befinden, wozu eine persönliche Frequenz von vielleicht 800 LOC oder mehr erforderlich ist.

Fazit:
Je höher unsere Schwingung, desto mehr können wir wahrnehmen.

***

Wie kann man seine Bewusstseinsfrequenz erhöhen?
Unsere Bewusstseinsfrequenz können wir durch spirituelle Praxis, Achtsamkeit, Verbindung mit der Natur, Selbstreflexion, eine positive Grundeinstellung zum Leben, gesunde Ernährung und durch Dinge, die uns Freude bereiten, erhöhen. Der letzte Punkt ist besonders wichtig: Folge deiner Leidenschaft und bring dein inneres Licht zum Strahlen!

Gibt es ein Massenerwachen?
Momentan befinden wir uns in einem Bewusstseinswandel. Das liegt daran, dass sich die Erdfrequenz er-

höht, was auch der Grund ist, warum so viele Menschen wie nie zuvor spirituell erwachen. Es handelt sich um ein Massen-Erwachen.

Was ist die Erdfrequenz?
Die Erdfrequenz ist ein elektromagnetisches Feld, das die Erde umspannt – der Herzschlag der Erde. Diese Frequenz, auch Schumann-Frequenz genannt, wurde von Professor Schumann entdeckt und beträgt 7,83 Hertz. Sie beeinflusst das menschliche Gehirn, denn über unsere Zirbeldrüse können wir diese Frequenz empfangen. Die Zirbeldrüse, die etwa 5 bis 8 mm groß ist, gilt als Sitz der Seele und produziert DMT, das für unsere spirituelle Entwicklung wichtig ist. Durch die Erhöhung der Erdfrequenz wird auch der Schleier des Vergessens dünner, und es wird uns möglich, ein höheres Bewusstsein zu erreichen und aus der 3. Dimension auszubrechen. Doch dafür muss unser 3. Auge geöffnet sein, damit die Zirbeldrüse diese Frequenz empfangen kann. Deshalb ist spirituelle Praxis so wichtig.

Warum verändert sich die Erdfrequenz?
Es treffen mehr Teilchen mit elektromagnetischer Aufladung in das Feld ein, das unseren Planeten umgibt. Wissenschaftler sagen, dass diese Transformation ein ganz natürlicher Prozess ist, der alle paar Tausend Jahre stattfindet. Immer dann, wenn ein neues *astrologisches Zeitalter* beginnt. Momentan befinden wir uns mitten in einem Übergang in ein neues goldenes Zeitalter, das für Frieden und Erleuchtung steht.

Das Leben auf der Erde soll bald in der 5. Dimension stattfinden, und wir befinden uns in einer großen Transformation. Die 5. Dimension war schon immer da, aber wir hatten keinen Zugang dazu. Bis wir dorthin gelangen, mag es uns schwerfallen, dies zu verstehen, da viele Dinge nicht mit Logik erklärt werden können. Es ist ein Prozess, der beginnt, wenn wir bereit sind.

Was ist die 5. Dimension?
Viele fragen sich, wie das Leben in der 5. Dimension aussehen wird. Zuallererst möchte ich sagen, dass es nicht die äußere Welt ist, die sich verändern wird, sondern die Denkweise und Handlungen der Menschen. Es findet eine Transformation des Denkens statt. Plötzlich finden wir Antworten auf all unsere Fragen und beginnen zu verstehen, wie diese Welt wirklich funktioniert.

Das Leben in der 5. Dimension bedeutet, in Harmonie und Dankbarkeit zu leben. Es geht nicht mehr um materiellen Reichtum, sondern um ein tiefes Verständnis des Lebens. Wir wissen nun wieder, wer wir sind und woher wir kommen: Licht und Liebe.

Wir sind lichtvolle Seelen, die eine menschliche Erfahrung machen. Unser Fokus liegt auf dem Hier und Jetzt, und wir werden zu den Schöpfern unseres Lebens. Wir verstehen, dass alles aus Energie besteht, und wir wissen, wie Manifestation funktioniert. Wir entwickeln ein Bewusstsein für das „Wir" und leben respektvoller miteinander und mit der Natur, da auch Bäume, Pflanzen und Tiere ein Bewusstsein haben.

Die *Erhöhung der Bewusstseinsfrequenz* ist ein Teil des spirituellen Erwachens. Zum Glück sind bereits einige Menschen vorausgegangen und können von ihrer persönlichen Reise erzählen.

Es kann herausfordernd sein, aber das liegt hauptsächlich daran, dass uns dieses Wissen, worüber ich auch in meinem Buch schreibe, größtenteils fremd ist. Die Feststellung, dass unser Leben auf einer Lüge beruht und alles nur eine Illusion ist, mag für den ein oder anderen schwere Kost sein.

Kennt ihr den Film *Die Truman Show* aus dem Jahr 1998 mit Jim Carrey? Meiner Meinung nach gibt es dazu gewisse Ähnlichkeiten. Es ist, als wollte uns der Film etwas sagen.

Im Film geht es um Truman, der in einem Kleinort im Stil der 50er Jahre aufwächst. Was er nicht weiß, ist, dass seine Welt künstlich erschaffen wurde. Sein Sternenhimmel ist die Kuppel eines gigantischen Studios, und seine Mitmenschen sind nur Komparsen, die eine vorgegebene Rolle spielen. In Wahrheit ist er der Hauptdarsteller einer Fernsehshow. Es dauert 29 Jahre, bis er durch ein Missgeschick der Produzenten misstrauisch wird und dahinter kommt. Er beginnt zu verstehen, dass seine Realität nicht die echte Realität ist.

Die Botschaft des Films lautet: Manchmal entspricht die eigene Realität nicht der Wahrheit. Es liegt ganz einfach daran, dass man nichts anderes kennt.

***

In meinem Umfeld war ich die erste, die diese Transformation erleben durfte. Es geschah eher zufällig. Es war keineswegs geplant, doch als es geschah, wollte ich mein neu gewonnenes Wissen mit meinen Liebsten teilen und auch von meinen verrückten Erfahrungen erzählen. Obwohl ich immer wieder Äußerungen darüber machte und für meine Mutter Handouts erstellte, die mit Fakten gefüllt waren, die ich für mich herausgefunden hatte, war es schwerer als erwartet, meine Mitmenschen zu erreichen, und ich stieß teils auch auf Ablehnung. Manchmal kam es mir vor, als würde ich gegen eine Wand reden.

Wir müssen uns bewusst machen, dass sich momentan nicht alle auf dem gleichen Bewusstseinslevel befinden und dass es aufgrund des aktuellen Bewusstseinswandels zu einer raschen, aber nicht synchronen Entwicklung kommt. Der eine mag schneller voranschreiten als der andere, und da es sich um eine innere Transformation handelt, kann es passieren, dass Freundschaften oder Beziehungen nicht mehr so gut harmonisieren wie früher. Das liegt schlichtweg daran, dass eine andere Seele womöglich noch in einer niedrigeren Frequenz festhängt. Jeder hat sein eigenes Tempo.

Dadurch kann es leider auch passieren, dass man Menschen verliert, da sie die neue, veränderte Denkweise und den Lebensstil nicht mehr nachvollziehen können. Aber was nützt einem eine Verbindung, wenn man sich nicht authentisch zeigen kann und nicht über das reden darf, was einen wirklich beschäftigt?

„Steh zu den Dingen, an die du glaubst.
Auch, wenn du alleine dort stehst."
Sophie Scholl

„Respekt ist unsere wichtigste Verbindung!"
Authentisch zu sein heißt nicht, egoistisch zu handeln und anderen etwas aufzuzwingen oder sie zu bekehren. Es ist wichtig, dass wir trotz allem die Grenzen unseres Gegenübers wahrnehmen.

Es spricht nichts dagegen, Denkanstöße zu geben und aufzuzeigen, wie man Dinge anders machen und sehen könnte, aber wir dürfen nicht vergessen, dass jeder Mensch einen freien Willen hat und die Initiative, etwas ändern zu wollen, letztendlich von ihm selbst kommen muss. In diesem Sinne müssen wir die Meinung anderer respektieren.

„Leben und leben lassen" – dieses Zitat las ich einst in einem Buch und finde es unglaublich passend. Wir müssen lernen, loszulassen und andere nicht kontrollieren zu wollen, denn jeder weiß für sich selbst am besten, was das Richtige für ihn ist.

Da du aber dieses Buch gerade in deinen Händen hältst, vermute ich, dass du wie ich damals auf der Suche nach „Mehr" bist. Immerhin kam der Instinkt, solch ein Buch zu lesen, von *dir selbst*.

Zugleich möchte ich euch ermutigen, dass man diese Reise auch alleine schaffen kann. Es wird auch Phasen geben, in denen ihr ins Zweifeln kommen und alles hinterfragen werdet. Das gehört dazu! Besonders wenn ihr euch gerade in der Übergangsphase befindet, die als die 4. Dimension beschrieben wird. Sie symbolisiert, dass man mit einem Fuß noch in der alten Welt und mit einem Fuß schon in der neuen Welt steht. Es ist die Phase der Verwirrung, aber habt Geduld, denn das neu errungene Wissen muss erst noch gefestigt werden.

Legt euch ein Tagebuch zu und schreibt euch all euren Kummer von der Seele, falls ihr mit niemandem aus eurem Bekanntenkreis darüber reden könnt oder wollt. Zugleich könnt ihr auch eure Fortschritte festhalten. Manchmal versteht man das ein oder andere spirituelle Erlebnis erst Wochen oder Monate später und kann dies dann nachschlagen.

LICHTARBEITER

**Wir haben für den Aufstieg in die 5. Dimension Un-
terstützung erhalten.** Diese Unterstützung kommt von
Lichtarbeitern, die seit 1960 auf der Erde inkarnieren
dürfen. Sie werden auch Indigo-, Kristall-, Regenbo-
gen- oder Diamantkinder genannt.

Diese alten Seelen haben ihre Inkarnationen auf der
Erde bereits abgeschlossen und gehören zu den Hybrid-
seelen (auch Starseeds genannt). Ihre Mission ist es, die
Menschheit auf diese Wandlung vorzubereiten und ihr
Wissen zu teilen. Sie leisten sozusagen die Vorarbeit,
indem sie Seminare halten, Bücher schreiben oder auf
Social Media aktiv sind.

Es gab einst einen Aufruf in der geistigen Welt, und
diejenigen, die sich freiwillig gemeldet haben, sind nun
als ganz normale Menschen auf der Erde, so wie du und
ich. Sie unterscheiden sich äußerlich nicht von anderen.

Diese Lichtarbeiter mussten genauso durch den *Schleier
des Vergessens* gehen. Einige von ihnen erinnern sich
jedoch seit ihrer Kindheit an ihren Auftrag, während
andere ihre göttliche Bestimmung vorerst vergessen haben. Doch es mag ihnen leichter fallen, spirituell zu erwachen, oder ihr Geistführer wird sich besonders an-
strengen, um sie zu erreichen und sie daran zu erinnern,

wer sie sind – denn sie sind nicht ohne Grund hier. Sie möchten Gutes in diese Welt bringen. Es ist ihre Berufung. Daher ist es wichtig, dass sie sich ihrer Aufgabe bewusst werden.

Manche können von Geburt an mehrere Dimensionen wahrnehmen, und für diejenigen, die erst im Laufe ihres Lebens erwachen, gibt es einen Vorteil: Es fällt ihnen leichter, ihre Hellsinne oder Kundalini-Energie zu aktivieren. Nach dem Erwachen haben sie oft außersinnliche Wahrnehmungen und können Verstorbene wahrnehmen. Bei ihnen geht alles etwas schneller.

Woran erkennt man, ob man vielleicht selbst ein Lichtarbeiter ist?
Im Internet kursieren viele Beschreibungen, welche Charaktereigenschaften ein Lichtarbeiter haben müsste, aber in Wahrheit kann man nicht alle in eine Schublade stecken. Ein Lichtarbeiter kann sowohl introvertiert als auch extrovertiert sein. Deshalb sollte man sich nicht zu sehr an diesen Beschreibungen orientieren.

Ein Hinweis könnte sein, dass man sich schon immer anders und nicht zugehörig gefühlt hat. Manchmal sind es auch diejenigen, die als das „schwarze Schaf" innerhalb einer Familie bezeichnet werden. Das liegt daran, dass sie oft andere Meinungen und Werte vertreten.

Oft handelt es sich um besonders feinfühlige und kreative Menschen, und ein weiteres Merkmal könnte ihre dunkelblaue Aura sein, die von hellsichtigen Menschen wahrgenommen werden kann.

Manche von ihnen leben auch kinderlos, da sie wissen, dass dies ihre letzte Inkarnation auf der Erde darstellt. In diesem Leben geht es nicht darum, eine Familie zu gründen, sondern ihrer Aufgabe als Lichtarbeiter nachzukommen.

Hybridseelen und inkarnierte Starseeds

Ich weiß, dass viele Menschen glauben, die Erde sei der einzige Planet, auf dem es Leben gibt. Doch wir müssen uns von der Vorstellung lösen, dass wir die einzigen Lebewesen im riesigen Universum sind.

Es ist wahr, dass unser Universum durch eine Art Urknall entstand. Doch bereits vor diesem Urknall gab es andere Universen – besser gesagt, wir leben in einem Multiversum. Es ist alles viel größer, als wir uns vorstellen können. Es gibt Galaxien und Bereiche, die wir Menschen noch gar nicht kennen und die bei uns keinen Namen haben.

Es gibt auch Seelenerfahrungen, bei denen die Inkarnationen nicht körperlich stattfinden, sondern andere Erscheinungs- oder Frequenzformen annehmen, ähnlich wie unsere Seele nach dem Tod in eine andere Frequenzform zurückkehrt. Teilweise findet Leben auf anderen Planeten auch auf der Astralebene statt, sodass wir es – selbst wenn wir physisch anwesend wären – nicht wahrnehmen könnten.

Wo gibt es Leben? Unser menschlicher Verstand möchte immer eine Zieladresse haben, daher möchte ich drei Orte nennen: Venus, Sirius (Stern) und E´sassani in einem Paralleluniversum.

Im Gegensatz zu uns Menschen können sich Lebewesen auf anderen Planeten an ihre wahre Existenz erinnern. Sie werden dort auch viel älter als wir und sind im technischen Bereich weiter fortgeschritten. Sie haben gelernt, sich mit Lichtgeschwindigkeit fortzubewegen und können somit mitverfolgen, was auf der Erde geschieht. UFO-Sichtungen, von denen ab und zu berichtet wird, sind wahr. Diese Wesen wollen uns nichts Böses. Sie sind oft nur neugierig oder möchten helfen. Da wir alle miteinander im Universum verbunden sind, unterstützen wir uns gegenseitig.

Würden wir keine Angst vor ihnen haben, könnten sie sich womöglich auch zeigen, und Vorfälle wie das Roswell-Ereignis, bei dem im Sommer 1947 ein UFO im Bundesstaat New Mexico abgestürzt sein soll, müssten nicht vertuscht werden. Es wird befürchtet, dass eine Enthüllung über die Existenz von Außerirdischen eine hysterische Massenpanik auslösen könnte, besonders weil Außerirdische in Science-Fiction-Filmen oft als unsere Feinde dargestellt werden. Doch was sind überhaupt Aliens? Sind wir nicht auch Aliens, wenn es noch andere Lebewesen im All gibt?

Bist du vielleicht auch ein Starseed?

„Woher kommst du? Wird dir manchmal warm ums Herz, wenn du nachts in den sternenklaren Himmel schaust? Und kommt es dir dann so vor, als sei ein Teil von dir von den Sternen gekommen?" Birgit Fischer

Starseeds sind keine rein menschlichen Seelen. Richtig gehört, es gibt verschiedene Arten von Seelen, wobei keine besser oder schlechter ist.

Es gibt Seelen, die ihre erste Inkarnation auf einem anderen Planeten begonnen haben und noch nie auf der Erde waren. Normalerweise ist es ihnen auch nicht möglich, auf der Erde zu inkarnieren. Doch aufgrund des Aufrufs in der geistigen Welt konnten sich hochschwingende Lebewesen von anderen Planeten melden und durften ausnahmsweise als Mensch auf der Erde inkarnieren. Oft werden sie auch Starseeds (Sternenkinder) genannt. Sie sind hier, um uns zu helfen.

Es gibt Mischseelen, die für mich persönlich die echten Hybridseelen sind. Sie haben sowohl einen menschlichen Anteil in sich als auch einen nicht-menschlichen. Es gab einst eine Zeit auf der Erde, in der Wesen von einem anderen Planeten sich mit Menschenfrauen paarten – die sogenannten Anunnaki. Das, was dabei herauskam, sind Hybridseelen.

Diese Seelen haben einen kleinen Vorteil: Sie können für ein Leben auf der Erde inkarnieren und danach zu einem anderen Planeten ihrer Wahl wechseln. Eine menschliche Seele kann zwar auch Erfahrungen auf einem anderen Planeten sammeln, jedoch erst, nachdem sie ihren Reinkarnationszyklus auf der Erde beendet hat und Vollkommenheit erreicht hat.

***

Ein letzter Hinweis...

Seid euch bewusst, dass diese Begriffe wie „Lichtarbeiter" auch missverständlich oder missbräuchlich verwendet werden können. Es kann passieren, dass Irrlehren von Menschen verbreitet werden, die in Wahrheit keine Lichtarbeiter sind. Man sollte sich daher nicht zu sehr an diesen Begriffen festhalten, denn jede Seele hat ihre großartigen Qualitäten und ist einzigartig. In Wahrheit geht es darum, viel mehr zu sein als nur ein Lichtarbeiter. Wir alle sind Licht und Liebe und über ein unsichtbares Lichtband miteinander verbunden. Indem wir unsere Liebe, unser Strahlen und unsere Freude nach außen tragen, können wir alle dazu beitragen, die Welt zu einem besseren Ort zu machen.

DIE GESCHICHTE DER HOMO SAPIENS

Was war eigentlich die Geburtsstunde des menschlichen Körpers? Stammen wir wirklich von den Affen ab oder begann unsere Geschichte doch mit Adam und Eva? Darüber möchte ich in diesem Kapitel berichten.

Lasst uns bei den ältesten Aufzeichnungen der Menschheit beginnen. Was wissen wir? Fakt ist, dass lange bevor die ersten Pyramiden errichtet wurden, bereits die erste Hochkultur auf unserem Planeten entstand. Dies soll 3500 v. Chr. gewesen sein. Es war ein Volk mit dem Namen *Sumerer*, das in Mesopotamien lebte, im heutigen Irak.

Die erste große Metropole war Uruk. Das Wahrzeichen dieser Stadt waren gewaltige Tempelanlagen, die zu jener Zeit als kulturelles Zentrum dienten. Hierzu finden sich allerlei Hinweise in alten Überlieferungen sowie auf sumerischen Tontafeln mit Keilschrift. Eine große Anzahl von ihnen ist in bedeutenden Museen in London, Paris, Berlin und anderen Städten ausgestellt.

Die Sumerer schienen eine sehr fortschrittliche und strukturierte Zivilisation gewesen zu sein, denn sie beherrschten die Schrift, sie kannten sich ausgesprochen gut in Mathematik und Astrologie aus, die ersten Schulen wurden eröffnet, der Handel begann, sie beobachteten die Wolken und stellten erste Wetterprognosen auf, es wurde ein künstliches Bewässerungssystem genutzt, es gab angelegte Straßen und sie erfanden sogar das Rad. Es fand eine unglaublich rasante Entwicklung statt und man fragt sich, woher sie all dieses Wissen hatten.

Interessant ist, dass niemand so genau weiß, woher die Sumerer kamen. *„Die Bewohner Sumers sind ein Volk unbekannter Herkunft"* oder *„Sie kamen aus dem Nichts"* – das sind typische Aussagen, wenn es um ihre Herkunft geht. So steht es z. B. auch im Buch „Auf den Spuren großer Kulturen" von Kurt Benesch: *„Die Herkunft der Sumerer ist unbekannt."*

Doch in einer der ältesten Schriften, dem Atrahasis-Epos, das aus mehreren Tafeln besteht, findet man tatsächlich Hinweise auf dieses Rätsel. Hierbei fällt auf, dass immer wieder das Wort „Anunnaki" auftaucht. Es soll eine Gruppe von Göttern gewesen sein, die vom Himmel herabstiegen. So steht es geschrieben. Sie werden als hochentwickelte Wesen mit menschlichen Zügen und Eigenschaften beschrieben und waren laut der alten Schriften ein herrschaftliches und königliches Volk von Adel.

Erich von Däniken, Zecharia Sitchin und andere Prä-Astronautiker gehen davon aus, dass *die Götter schlicht Außerirdische waren*. Kein Wunder, denn auf den Steintafeln steht geschrieben, dass ihre Heimat ein Planet namens Nibiru war.

Das wiederum würde erklären, woher unser Wissen stammt und wie wir uns vom einfachen Nomaden zu einem modernen Stadtmenschen weiterentwickeln konnten, wie es die Sumerer waren.

Außerdem tauchen in den alten Schriften immer wieder Begriffe wie „Stahldrache", „Himmels- oder Feuerwagen" auf. Diese kommen sowohl in der Bibel, als auch auf den alten Tontafeln sowie in indischen Schriften vor. Es wird von Feuer, Licht und Lärm berichtet, wenn dieser Wagen in den Himmel fuhr. Es erinnert mich persönlich an den Start einer Rakete, wenn es zur Zündung der Triebwerke kommt, und auch Erich von Däniken vermutet, dass dieser Himmelswagen möglicherweise ein Raumschiff war und es zu jener Zeit einfach keinen Begriff gab, der dieses fliegende Ding hätte umschreiben können.

Was ist uns über die Anunnaki bekannt? Warum kamen sie zur Erde?
In der Ozonschicht von Nibiru hatte sich ein Riss gebildet, der das Leben dieses Planeten bedrohte. Das einzige, was half, war das Einbringen von Goldstaubartikeln in die Atmosphäre. Sie besaßen zwar die technischen Geräte und Fortbewegungsmittel, um dies umzusetzen, aber auf ihrem Planeten gab es schlichtweg zu wenig Gold, da es ein mineralarmer Planet war. Also machten sie sich auf den Weg, um Gold auf anderen Himmelskörpern zu finden, um ihren Planeten retten zu

können. Vor sehr, sehr langer Zeit landeten sie auf der Erde und fanden, wonach sie gesucht hatten: Gold! Sie ließen sich in einem Gebiet namens Mesopotamien nieder und teilten sich die Welt auf. Doch bald stellte sich heraus, dass der Abbau des Goldes eine beschwerliche Arbeit war. Die Igigu, die diese Arbeit bisher ausgeführt hatten und zur Gruppe der niederen Götter gehörten, begannen eines Tages, gegen die Götter zu rebellieren und legten ihre Arbeit nieder.

Eins stand fest: Die Anunnaki brauchten Unterstützung, besser gesagt Minenarbeiter. Doch zu dieser Zeit lebte nur der Menschenaffe auf der Erde. Es waren primitive und nicht besonders weit entwickelte Wesen. Sie würden ihnen beim Goldabbau nicht behilflich sein können – das war ihnen sofort klar, also musste eine andere Lösung her. Sie begannen, genetische Manipulationen durchzuführen und mischten die DNA des Menschenaffen mit ihrer eigenen. Eine neue Spezies war geboren: Der Homo sapiens. Ein moderner Mensch, der den Anunnaki vom Aussehen her ähnelte, nur dass wir von der Statur her etwas kleiner waren. Das waren Adam und Eva.

Denkanstöße von Erich von Däniken aus dem Buch *Erinnerungen an die Zukunft:*
„Lasset uns den Menschen machen nach unserem Bilde…", steht im 1. Buch Mose geschrieben. Warum spricht Gott in Plural? Warum sagt er „uns" und nicht „ich", warum „unserem" und nicht „meinen"? Man darf

unterstellen, dass der einzige Gott füglich in der Einzahl zu den Menschen sprechen würde, nicht im Plural."

...

„Die Möglichkeit der Aufzucht einer intelligenten menschlichen Rasse ist heute keine so absurde These mehr. In alten heiligen Schriften wird berichtet, dass ‚Gott' den Menschen nach seinem Ebenbild erschuf. Es gibt Texte, die notieren, dass es dazu verschiedene Experimente bedurfte, bis der Mensch endlich so gelungen war, wie ‚Gott' ihn haben wollte. Mit der Hypothese eines Besuches fremder Intelligenzen aus dem Kosmos auf der Erde dürfen wir unterstellen, dass wir heute ähnlich geartet sind wie eben jene sagenhaften fremden Wesen."

Ach, ... das sind doch alles nur Mythen?

Da stellt sich mir die Frage, warum man so viel Aufwand betreiben sollte, um eine Fantasiegeschichte wie diese aufwendig in Ton zu ritzen.

Wenn man religiös erzogen wurde, mag es einem anfangs schwerfallen, dies zu glauben. Es sind wieder einmal die Prägungen und Glaubenssätze, die tief in uns sitzen und von Generation zu Generation weitergegeben wurden.

*

Anbei möchte ich auch gerne noch einen Text vom **Channel-Medium Daryl Anka** aus seinem **Buch The Masters of Limitation** wiedergeben, welches aus der Sicht von Bashar vom Planeten E´sassani aus einem Paralleluniversum geschrieben wurde.

Wer ist Daryl Anka?

Er ist ein spirituelles Medium, das inzwischen seit Jahrzehnten eine außerirdische Entität mit dem Namen Bashar channelt. Wer mehr über das Volk der Essassani erfahren möchte, dem empfehle ich das oben genannte Buch oder schaut einfach mal auf YouTube vorbei. Dort werden seine Channeling-Sitzungen vor dem Publikum übertragen und man erfährt teils auch etwas über Bashar und sein Volk.

Was ist Channeling?

Channeling ist, wenn ein Medium Nachrichten von einem übernatürlichen Wesen erhält. Das passiert, indem sich das Medium mit dieser Quelle verbindet. Hierüber können dann wichtige Botschaften, zum Beispiel von einem Geistführer oder von Wesen von anderen Planeten, in laut gesprochenen Worten übermittelt werden. Interessant dabei ist, dass sich die Stimme des Mediums und die Ausdrucksweise komplett verändern können, denn nicht das Medium ist derjenige, der diese Nachrichten übermittelt, sondern das Wesen, mit dem es sich verbunden hat. Und nein, das ist keine Besetzung, sondern ein Abkommen mit gegenseitiger Zustimmung, bei dem das Medium für einen Augenblick als Kanal dient.

Bashar erzählt:

„Wir erfuhren, dass die Menschen auf der Erde aufgrund der Interaktionen, die vor sehr langer Zeit mit einer außerirdischen Spezies namens ‚Anu' stattfanden, tatsächlich eine hybride Mischung aus mehreren sternenreisenden Rassen waren. Die Anu haben ihre DNA mit einer Hominidenart infundiert, die Sie ‚Homo Erectus' nennen und die sich auf natürliche Weise auf Ihrem Planeten entwickelt hat. Uns wurde gesagt, dass die Anu dies taten, um eine Arbeiterrasse zu schaffen, die ihnen bei der Herkulesaufgabe helfen konnte, Gold und andere Elemente abzubauen, die die Anu brauchten, um ein Ungleichgewicht in der Atmosphäre ihrer Heimatwelt zu korrigieren und die verursachten zerstörerischen Wettermuster umzukehren durch massive Sonnenstürme in ihrem Sternensystem."

Wir sind Hybride!

***

Die Matrix:
Sie waren es, die uns erschufen und uns unsere Intelligenz verliehen, was auch den Quantensprung in unserer menschlichen Entwicklung erklärt. Doch wir sollten keineswegs zu schlau sein, sondern nur klug genug, um lesen und kommunizieren zu können, damit Arbeitsaufträge richtig ausgeführt werden konnten.

Der Mensch war von Anfang an ein energetisches Wesen, was wiederum eine Bedrohung für sie darstellte.

Immerhin brauchten sie nur primitive Minenarbeiter und keine Menschen, die nach Selbstverwirklichung strebten oder sich gar mit ihrer wahren spirituellen Natur verbanden. Es wurde befürchtet, dass eine Rebellion aufgrund der harten Arbeit in den Bergwerken folgen könnte und der Drang nach Unabhängigkeit wachsen würde. Also ließen sie sich etwas einfallen, um unser Bewusstsein zu kontrollieren und das spirituelle Wachstum zu verhindern.

Sie errichteten ein Gefängnis: die Matrix. Dies ist ein energetisches Netzwerk, das um die Erde gespannt wurde. Seitdem gibt es den *Schleier des Vergessens*, und die Matrix hält uns generell auf einer niedrigen Bewusstseinsstufe. Wir haben dadurch vergessen, wie mächtig unser Drittes Auge ist, wer wir sind, und es verhindert zugleich die Verbindung zu unserem *Höheren Selbst*. Was sie dadurch erreicht haben, ist die Überwachung, Unterwerfung und Manipulation der Menschen.

Aber die Menschen bekamen von all dem nichts mit. Im Gegenteil, sie schauten sogar zu ihnen auf und verehrten die Anunnaki als Götter, denn sie sahen, dass diese ihnen nicht nur technisch, sondern auch intellektuell überlegen waren. Es waren ihre Schöpfer, und genau deshalb liest man in alten Schriften immer nur von Göttern anstatt von Außerirdischen.

Nefilim:
Im Laufe der Zeit begannen die Anunnaki, sich mit den
Menschenfrauen zu paaren, und die Frauen gebaren
Riesen: die Nefilim. Diese Geschichte basiert auf den
Schriften des Gilgamesch-Epos und des Atrahasis-
Epos.

Die Vorstellung, dass sich Götter zu menschlichen
Frauen hingezogen fühlten, findet man nicht nur auf
diesen uralten Tontafeln, sondern auch in der Bibel und
im Buch Henoch. Dort werden sie als „Söhne Gottes",
„Wächter" oder „gefallene Engel" bezeichnet:

1 Mose 6,4 (EU):
Göttliche Wesen männlichen Geschlechts („Gottes-
söhne") begehrten Menschenfrauen, und diese wurden
von ihnen geschwängert. Die Nachkommen waren die
Riesen der Vorzeit.

Henoch 6:1-2:
Es begab sich aber, als die Menschen sich vermehrten,
dass schöne und anmutige Töchter geboren wurden.
Und die Söhne Gottes sahen die Töchter der Menschen,
dass sie schön waren, und nahmen sich Frauen von denen, die sie auserwählten. Und sie begannen, mit ihnen
zu verkehren, und sie gebaren Riesen, deren Größe und
Wesen die Erde mit ihrer Gewalt erfüllten.

Dass es Riesen gab, bestätigt auch *die Bibel* mit ihrer
Erzählung über Goliath. Ich weiß, dass einige glauben
mögen, dass dies nur als Symbol für den Glauben an

Mut steht, aber wie erklärt man sich dann die vielen *Skelettfunde von Riesen*, unter anderem von dem Ägyptologen Professor Dr. Walter Brian Emery oder dem berühmten britischen Archäologen Flinders Petrie? Die Skelette, die sie fanden, hatten eine Größe von 4,6 Metern.

***

Hybridseelen:
Kannst du dich noch daran erinnern, wie ich im Kapitel „Lichtarbeiter" von Hybridseelen berichtete? Diese Hybridseelen sind durch die Verbindung zwischen den Anunnaki und den Menschenfrauen entstanden. Das bedeutet, dass eine Hybridseele ihr erstes menschliches Leben als Nefilim begann.

Wenn man das Wort „Nefilim" bei Google eintippt, tauchen erschütternde Berichte über diese Riesen auf, die besagen, dass sie böse und gewalttätig gewesen wären und sogar Menschen gefressen hätten. Angeblich hätte es deswegen auch die berühmte Sintflut gegeben. Aber das entspricht nicht der Wahrheit. Vielmehr waren sie die Helden der Vorzeit und beschützten die Menschen in Kriegen.

Der wahre Grund für die Sintflut war ein Asteroid, der die Erde traf. Es war abzusehen, dass dies geschehen würde, weshalb Noah in der Bibel genug Zeit hatte, gewarnt zu werden und ein Schiff zu bauen. Die Sintflut war daher keine Bestrafung Gottes, wie einige glauben, sondern eine Reaktion auf dieses kosmische Ereignis.

***

Warum verließen sie die Erde wieder?
Indem sie uns erschufen, hatten sie gegen ihre eigenen Gesetze verstoßen und wurden eines Tages nach Nibiru zurückgerufen. Sie mussten die Erde verlassen.

Es ist wichtig zu betonen, dass sie heute weiterentwickelt sind. Sie haben aus ihren Fehlern gelernt und möchten das, was sie damals getan haben, korrigieren. Es ist ein bisschen wie die Geschichte von Hitler in Deutschland: Im Ausland mag man denken, dass das Böse in den Deutschen stecken würde, was natürlich völliger Unsinn ist, denn man kann nicht alle Menschen über einen Kamm scheren. So ist es auch bei anderen Sternenvölkern – es gibt immer ein paar schwarze Schafe.

GIBT ES EINE HÖLLE?

Nein, es gibt keine Hölle, aber verschiedene Ebenen im Himmel. Alles – und wirklich alles – besteht dort aus Licht und Liebe.

Wenn wir in der geistigen Welt (also dem Himmel) ankommen, landen wir direkt auf der Ebene, die für uns am besten geeignet ist. Da mag man sich fragen, wer das entscheidet. Es ist übrigens nicht Gott, wie vermutlich viele erwartet hätten. Vielmehr ist es jemand, der uns wahrscheinlich besser kennt, als wir uns selbst kennen: unser Hauptgeistführer. Wir müssen uns deswegen nicht unter Druck gesetzt fühlen, denn es hängt von uns und unseren eigenen Taten ab.

Auf den unteren Ebenen kommen die wirklich bösen Menschen hin, wie zum Beispiel Terroristen und Massenmörder. Dennoch ist es ein Ort, der von Gott aus Liebe erschaffen wurde. Es sind eher die niedrigen Schwingungen dieser Wesen, die diesen Platz zu einem ungemütlichen Ort machen. Man könnte es mit der Bronx in New York vergleichen. Trotzdem stehen diesen Seelen lichtvolle Engel zur Seite. In diesem Sinne hat es absolut nichts mit der Hölle in Flammen zu tun, wie es uns hier auf der Erde vermittelt wird.

Seelen auf den niederen Ebenen können jedoch nicht so schnell auf eine höhere Ebene aufsteigen, selbst wenn sie ihre Fehler in der geistigen Welt bereut haben und daraus gelernt haben. Gott verzeiht ihnen. Er ist barmherzig und will nur das Beste für uns Seelen, aber sie müssen dennoch erst einmal inkarnieren, bevor sie auf eine höhere Ebene gelangen können. Diese Seelen bleiben gewöhnlich auch nicht lange im Himmel. Es ist wichtig, dass sie sich weiterentwickeln und ihren Weg ins Licht finden.

***

Werden schlechte Menschen auf eine andere Art und Weise bestraft?

Zurück in der geistigen Welt schauen wir uns unser letztes Leben wie in einem Film noch einmal in Ruhe an und spüren dabei auch das, was wir anderen angetan haben. Dies mag der Moment sein, in dem wir die eine oder andere Tat bereuen. Nicht Gott bestraft uns. Wir sind unsere eigenen Kritiker und Richter!

Hitler wird bei der Lebensrückschau wohl sehr viel Leid erfahren haben, indem er das spüren musste, was er all den Menschen zu jener Zeit angetan hatte und wie sie sich dabei gefühlt haben müssen. Er hat sich dadurch selbst sehr viel Bestrafung und Leid zugefügt.

Ich war nicht immer ein guter Mensch. Komme ich nun auf eine der unteren Ebenen?

Nein, denn wenn man aus seinen Fehlern schon zu Lebzeiten lernen konnte, einen neuen Weg eingeschlagen hat und seine Taten bereut, lösen sich die Verstrickungen auf. Es kommt viel mehr auf den Prozess an, denn wie gesagt: Wir sind hier, um Fehler zu machen, damit wir unseren Weg ins Licht finden können. Um zu wissen, was Licht und Liebe ist, muss man zuvor die Dunkelheit kennengelernt haben.

DUNKELMÄCHTE

Wer oder was sind die Dunkelmächte?
Kennt ihr den Spruch: **„Unsere Gedanken erschaffen unsere Realität".** Da ist etwas Wahres dran! Denn allein durch unseren Glauben an den Teufel und die Hölle wurden über Jahrtausende Energien ausgesendet, sodass sich so etwas wie die Dunkelheit tatsächlich entwickeln konnte. Besser gesagt, es sind große Energiefelder voller Negativität, die leider von uns erschaffen wurden.

Da sie ein Bewusstsein besitzen, können sie auch auf die Erde inkarnieren. Das bedeutet: Sie leben als Menschen unter uns und versuchen, uns einzureden, dass es im Leben nur um Reichtum und Macht gehen würde. Tatsächlich lebt der Großteil der Gesellschaft mit diesen Zielen. Das wiederum gibt den Dunkelmächten viel Kontrolle: Wir beginnen, fremdbestimmt zu handeln, befolgen Regeln, die nicht unseren eigenen sind, und werden zu Marionetten. Wer profitiert davon? Sie! Dabei sind wir freie Menschen, wir müssen uns nicht zu Sklaven machen lassen!

***

Es ist bewusst ihr Ziel, Angst und Schrecken in die Welt zu bringen, denn davon nähren sie sich. Das macht sie stärker! Sie lieben es, negative Schlagzeilen zu verbreiten, und das ist heutzutage durch die digitalen Medien sehr einfach. Angst lähmt uns, verhindert inneren Wachstum, und wer Angst fühlt, lässt sich leichter manipulieren. Es ist ihre persönliche Waffe!

Ich möchte gerne zum Thema Angst von einer persönlichen Erfahrung erzählen:
Ich bin jemand, der gerne auf Instagram unterwegs ist und sich dort auch Videos und Beiträge über spirituelle Themen ansieht. Dabei tauchte einmal ein Video auf, das die Erklärung der vierten Dimension behandelte. Es wurde ein Junge gezeigt, den ich auf 14 oder 15 Jahre schätzen würde. Er saß vor der Kamera und erklärte den Unterschied zwischen den räumlichen Dimensionen. Das, was mich erschütterte, war das, was in fettgedruckten Buchstaben darüber geschrieben stand: „Dieser Typ erklärte die Theorie der 4. Dimension und wurde kurz darauf umgebracht."

Zu Beginn machte ich mir nicht viele Gedanken darüber, aber uns sollte bewusst sein, dass wir solche Informationen immer auch in unser Unterbewusstsein aufnehmen. Erst als ich begann, dieses Buch zu schreiben, erinnerte ich mich wieder an dieses Video. Es hätte mich einschüchtern und verhindern können, dieses Buch zu schreiben, denn die Nachricht, die unbewusst in diesem Video weitergegeben wurde, ist: „Verbreite kein Wissen, ansonsten musst du fürchten, dass man auch nach dir sucht." Es ist für mich ein Zeichen, dass jemand bewusst Angst verbreiten möchte. Es soll Gleichgesinnte einschüchtern und davon abhalten, ihr Wissen mit der Welt zu teilen.

Wovor fürchten sich Menschen am meisten?

Genau, es ist der TOD – und schon sind wir wieder bei dem Thema Macht und Kontrolle angelangt. Wenn unser eigenes Leben auf dem Spiel steht, dann kehren wir um. Wir gehen freiwillig einen Schritt zurück, anstatt nach vorne, und das ist genau das, was sie wollen. Sie möchten, dass wir Angst vor dem Tod haben. Sie profitieren davon. Versteht ihr den Kreislauf, wie sie es schaffen, uns Menschen klein zu halten? Meiner Meinung nach kommt dieses Video von den Dunkelmächten, aber dazu darf sich jeder gerne selbst eine Meinung bilden.

Was würde wohl Gott dazu sagen?

Vielleicht das:

„Wenn die Menschheit nur wüsste, dass sie in Wirklichkeit göttliche und lichtvoll-strahlende Seelen sind und dass sie keine Angst vor dem Tod haben müssen, da sie aus der geistigen Welt kommen und dorthin wieder zurückkehren werden, würden die meisten von ihnen angstfreier und selbstbestimmter leben."

***

Sie versuchen auch, uns Informationen vorzuenthalten, verfälschen unsere Religionen und alten Schriften und verbreiten allerlei Irrlehren. Sie wollen verhindern, dass wir uns mit unserem wahren Selbst verbinden und uns bewusst werden, wer wir wirklich sind.

Gott steht für Liebe, und das ist auch, worum es ursprünglich in den Religionen ging: Um das Lehren der (Nächsten-)Liebe. Dieses „...*weil du anders bist, sollst du zerstört werden*" und auch das Befolgen strenger Regeln kam nicht von ihm.

Das Thema ***Weltuntergang und Gottes Gericht*** scheint in der westlichen Welt auch eine weit verbreitete Geschichte zu sein. Ebenso wird dies auch im zweiten Brief von Petrus erwähnt. Er schreibt, dass Gott uns wie in der Vergangenheit wieder bestrafen wird. Es wird zu einem Gericht der Menschen kommen und er werde die gottlosen Menschen vernichten. **Aber das ist nicht das, was Petrus damals aufschrieb.** Ein weiteres Mal grätschten die Dunkelmächte dazwischen und änderten das Ende seines Schreibens ab. Denn seine eigentliche Nachricht war, dass Jesus in uns zurückkommen wird. Besser gesagt, stellt dies eine innere Transformation dar und ist kein äußeres Ereignis. Der Beginn des neuen Reiches Gottes und die Auferstehung, worauf auch das zweite Kommen Christi beruht, ist das Erwachen und der Aufstieg in die 5. Dimension, das für jeden von uns erreichbar ist.

Übrigens war es auch nie die Absicht von Jesus, eine neue Religion zu gründen und verehrt und angebetet zu werden. Stattdessen wollte er nur seine Lehren mit seinen Mitmenschen teilen und folgende Nachricht vermitteln: *„Gott ist in DIR!"*

So steht es auch in der Bibel und Teresa von Avila berichtet davon.

Lukas 17,21
„Das Reich Gottes in euch!"

1. Korinther 3,16
„Wisst ihr nicht, dass ihr Gottes Tempel seid und der Geist Gottes in euch wohnt?"

Teresa von Avila, Buch „Seelenburg"
„Wer Gott sucht,
braucht keine Flügel.
Er soll nur still in sein Inneres schauen.
Dort wird er ihn finden."

Zum Thema Gottes Gericht gibt es auf Social Media auch allerlei angsteinflößende Videos, die mit dem Erd-Shift und Jesus zu tun haben. Ich kann mich noch an ein Video erinnern, in dem Jesus gezeigt wurde, wie er uns Menschen in Gut und Schlecht einteilte. Die Schlechten stupste er in eine Art Vulkan ins Feuer.

Bitte vergesst nicht, dass solche hochschwingenden Wesen wie Jesus niemals etwas derart Böses tun würden. Sobald ihr etwas von *Beurteilung oder Bewertung* der Menschen hören solltet, bitte werdet hellhörig. *__Lasst euch nicht irren!__* Jesus ist unser Freund und Helfer.

Es gibt auch *keinen bestrafenden oder urteilenden Gott*, denn er ist die Quelle alles positiven Seins und pure LIEBE – nichts als LIEBE, besser gesagt die reinste Form von LIEBE, die wir uns nur vorstellen können.

***

Was kann man gegen die Dunkelmächte tun?
Wir sollten uns nicht zu sehr auf das Schlechte fokussieren. Das heißt, wir sollten uns nicht zu sehr über die Schlagzeilen aufregen, denn wir stärken das, worauf wir unsere Aufmerksamkeit richten. Konzentriere dich daher besser auf das Positive. Kämpfe nicht gegen, sondern für etwas. Kämpfe für das Licht.

Genau aus diesem Grund ist es so wichtig, dass die Menschen spirituell erwachen und beginnen, in die 5. Dimension aufzusteigen. Je mehr Menschen mitziehen, desto schwieriger wird es für die Dunkelmächte zu überleben, da die Schwingung dann viel zu hoch für sie sein wird. Sie sind dadurch gezwungen, den Planeten zu verlassen. Macht und Manipulation werden der Vergangenheit angehören.

Darum geben die Dunkelmächte jetzt noch einmal alles! Sie wollen es verhindern und versuchen, zu manipulieren. Also, wenn es euch so erscheinen sollte, als würde gerade alles den Bach runtergehen, weil in den Medien so viele negative und schlimme Schlagzeilen veröffentlicht werden, lasst euch gesagt sein: Nicht mehr lange! Es ist nur deren Finale!

SEXUALITÄT: EIN TABU-THEMA?

„Der Teufel verführt zu Sex!"

Was ist überhaupt das Böse? Etwa Sex? Besonders für die römisch-katholische Kirche schien Sex in den letzten Jahrzehnten ein großes Tabu-Thema zu sein, gar etwas Verbotenes! Jeder Mensch sei zur Keuschheit berufen, solange er nicht verheiratet sei, ansonsten sei er unrein. Pfarrern sei es generell verboten, und sie sollten ständig Verzicht üben. Es war, als wäre Sex etwas Schlechtes und unsere Sexualenergie müsste unterdrückt werden. Religionen, oder besser gesagt, die Dunkelmächte begannen in der Vergangenheit, über uns zu herrschen. Sie gaben uns vor, was richtig oder falsch sei, und Sex galt als Sünde – Wollust sogar als Todsünde! Wie bitte?

Spätestens als die ersten Skandale der Kirche, wie Kindesmissbrauch, aufgedeckt wurden, war klar, dass die Abstinenz der falsche Weg war. Kein Wunder, denn unsere Sexualenergie muss frei fließen können. Sie ist die Ur-Energie und die Grundlage allen Lebens.

Es ist bekannt, dass Menschen, die regelmäßig Sex haben, ausgeglichener und stressresistenter sind. Hingegen kann es, wenn wir zur Keuschheit versklavt werden, sogar zu aufgestauten Aggressionen und Gewalttaten führen. Und wer kennt es nicht: Gerade wenn etwas verboten ist, ist der Reiz danach besonders hoch.

Dient diese Energie wirklich nur der Fortpflanzung, oder steckt doch mehr dahinter? Wenn es nur zur Reproduktion dienen würde, könnte es wie bei Tieren auf eine bestimmte Jahreszeit begrenzt sein. Ist es aber nicht! Also muss es wohl noch einen anderen Grund geben, denn...

Sex ist ein Geschenk Gottes!

Wir dürfen dieses Thema frei und ohne Scham angehen. Es ist von Gott so gewollt, dass wir dabei tiefe Glückseligkeit verspüren. Für einen Moment verschwinden alle Gedanken, es ist vergleichbar mit einem meditativen Zustand. *Einfach nur SEIN!* Für einen kurzen Moment sind wir reines Bewusstsein. Der Verstand macht Pause.

Er gab uns unsere Sexualität, weil sie etwas Schönes ist. Dadurch haben wir die Möglichkeit, mit unserem Körper hier auf der Erde eine wunderbare sinnlich-körperliche Erfahrung zu machen und eine Einheit im menschlichen Körper zu spüren. Es ist absolut nichts Verwerfliches oder Verbotenes daran, diese Lust und kraftvolle Sexualität auch ohne oder vor der Ehe voll ausleben zu wollen, solange es nicht zur Betäubung unerwünschter Gefühle oder aufgrund des Kontrollverlusts unserer eigenen Triebe dient.

Das, was ein Produkt des Teufels ist, mag die dunkle Kehrseite der Pornoindustrie sein. Es gibt Videos, in denen gegenüber Frauen und Kindern Gewalt angewendet wird und Minderjährige sogar vor der Kamera brutal vergewaltigt werden. Auf solchen Plattformen ist vieles zu finden, bei dem einem allein schon bei der Überschrift schlecht werden könnte, da es nichts mehr mit Respekt und Menschenwürde zu tun hat. Doch das ist nicht der Sinn von Sex. Vielmehr geht es dabei um gegenseitigen Respekt, Achtsamkeit, Zärtlichkeit und das Gefühl, miteinander verbunden zu sein.

Sex kann übrigens auch für spirituelle Praktiken genutzt werden, unter anderem, um die Kundalini-Energie in uns zu wecken, indem unsere Sexualenergie durch die einzelnen Chakren in Richtung Kronchakra umgeleitet wird, was uns zur Erleuchtung führen kann.

Fazit:
Gott setzte uns ohne Betriebsanleitung in diese Welt. Er gab uns Lust, Leidenschaft und ganz viel Neugier mit. Wir dürfen uns ausprobieren, experimentieren und unseren Körper besser kennenlernen, solange dies im guten Willen geschieht. Sex und Lust sind keine Sünde!

DIE ANGST VORM STERBEN

„Die Unwissenheit über den Tod ist die Ursache dafür, dass wir so sehr am Leben hängen."
– Stefan Jankovich

Die geistige Welt – unsere Heimat – scheint uns plötzlich fremd zu sein, da wir uns nicht mehr daran erinnern können, und das Unbekannte macht uns Menschen oftmals Angst, selbst wenn wir wissen, dass unsere Liebsten auf der anderen Seite auf uns warten und es dort keinerlei Negativität gibt. Etwas hält uns zurück. Warum? Es liegt an unserer DNA. Wir sind derart programmiert, dass wir einen Überlebensmodus in uns tragen: Wir wollen nicht gehen, egal, was kommt. Aber zugleich sollten wir uns bewusst machen, dass wir schon mehrmals gestorben sind und keine Angst vor dem Sterbeprozess haben müssen. Der Tod ist in Wahrheit nichts Schreckliches, sondern das Ziel unserer Reise, das für Erfüllung steht.

***

Die Verbindung zu unseren Liebsten
Die Verbindung zu unseren Liebsten auf der Erde ist wie Klebstoff. Ich weiß, wir wollen sie unter keinen Umständen zurücklassen. Es würde uns das Herz brechen, denn die Liebe, die wir für sie empfinden, ist

überwältigend, und eine physische Trennung scheint
uns unüberwindbar.

Wie geht Loslassen?

Es geschieht ganz automatisch, wenn wir auf die andere
Seite wechseln, denn dort erweitert sich auch unser Bewusstsein wieder. Alles wird klarer, und man beginnt
zu verstehen, worüber man sich immer gewundert hat.
Das Wissen ist plötzlich wieder da, und wir merken,
dass unsere Angst vor der Trennung überflüssig war,
denn das Band, das uns mit unseren Liebsten auf der
Erde verbindet, wird nicht durchtrennt.

„Wir sehen uns doch bald wieder!", würden die meisten
Verstorbenen zu ihren Liebsten auf der Erde sagen,
wenn sie es könnten, denn das Zeitgefühl im Himmel
ist ein ganz anderes. Ein Menschenleben mag uns wie
eine Ewigkeit vorkommen, aber in der geistigen Welt
ist es im Nu vorbei.

***

Schmerzen

Die meisten von uns haben Angst vor möglichen
Schmerzen beim Sterben. Das ist verständlich, denn
was gibt es schlimmeres, als Schmerzen zu erleiden, die
kaum aushaltbar sind? Jeder hat bereits verschiedene
Erfahrungen mit Schmerzen gemacht, und dadurch
kann ein Leben wirklich zur Hölle werden. Aber ich
kann euch beruhigen, denn die Seele verlässt den Körper manchmal schon vor dem eigentlichen physischen

Todeszeitpunkt. *Warum sollte man eine Seele quälen, wenn sowieso klar ist, dass dies nun der geplante Zeitpunkt für den Übergang in die geistige Welt ist?*

Vielleicht kennt der ein oder andere auch die Geschichte der Autorin **Anke Evertz**. Sie schrieb das Buch „Neun Tage Unendlichkeit", in dem sie von ihrer Nahtoderfahrung berichtet. Sie ging in Flammen auf, als sie ihren Kamin anzünden wollte, und landete mit schwersten Verbrennungen in einer Klinik. Auch sie berichtet von diesem Phänomen, dass ihre Seele den Körper verließ, bevor sie letztendlich zu Boden fiel.

„Da stand ich nun, 1,74 Meter groß, und die Flammen schlugen über mir an die drei Meter hohe Decke. Alles an mir brannte lichterloh.

...

Mein Gesicht und meine Hände waren dem Feuer schutzlos ausgeliefert, und der dünne Stoff des Trainingsanzugs war eher Futter für die Flammen als Schutz.

...

Das Beeindruckende war, dass ich keinerlei Schmerzen verspürte, und auch Angst kann ich mich nicht erinnern."

Daraufhin verlässt sie – oder besser gesagt, ihre Seele – ihren physischen Körper...

„Als hätte ich mich aus mir selbst hinauskatapultiert, nahm ich mit einem Mal diesen Körper, diese lichterloh

brennende menschliche Fackel wahr. In einer einzigen Sekunde hatte ich eine ganz andere Sicht auf das Geschehen, von dem ich mich nun ungefähr zwei Meter entfernt fühlte. Ein Gefühl von Neutralität stellte sich ein, während ich wie eine Zuschauerin meinen Körper dabei beobachten konnte, wie er langsam, aber sicher zu torkeln begann und hilflos mit seinen Armen ruderte."

Sie wird zur Beobachterin und spürt dabei keinerlei Schmerzen. Das bestätigen auch andere Quellen. Wir müssen uns wirklich nicht vor Schmerzen fürchten.

***

Wie läuft STERBEN ab?
Das hängt davon ab, wie und woran du stirbst...

1. Das passiert, wenn man sofort klinisch tot ist:
Bei einem Treppensturz, Autounfall mit Genickbruch, einer Explosion oder wenn man einfach friedlich einschläft.

In einem Moment ist man noch in der physischen Welt, und einen Wimpernschlag später befindet man sich auf der anderen Seite. Man fühlt sich keineswegs fremd. Es ist, als würde man am Morgen von einem Traum aufwachen. Man reißt die Augen auf und stellt fest, dass alles – das Leben auf der Erde – nur ein Traum war und man nun wieder Zuhause ist.

2. Das passiert, wenn der Tod langsam eintritt:
Bei manchen Autounfällen, bei einem Feuer, in dem der
Körper verbrennt, oder beim Ertrinken.

So kann es sein, dass man nach einem schlimmen Autounfall auf der Straße zu sich kommt und im ersten Moment denkt, dass man überlebt hat. Doch das täuscht!
Man befindet sich in diesem Fall mit dem eigenen Bewusstsein schon im Astralkörper, der sich vom materiellen Körper getrennt hat, da dieser sterben wird. Das
heißt, man ist nicht immer sofort auf der anderen Seite,
sondern nimmt zunächst noch das Ereignis um sich
herum wahr, bis ein helles Licht oder ein Engel auftaucht und einem die Hand reicht. Dieses Wesen ist übrigens unser Hauptgeistführer.

*

Nahtod-Erfahrungsbericht:
Hierbei handelt es sich um einen Nahtodbericht von
Stefan Jakovich aus dem Buch „Ich war klinisch tot".
Doch in Wahrheit läuft Sterben ***nicht*** anders ab...

*Stefan Jakovich: „Ich überlebte den Zusammenstoß!" –
das war mein erstes Empfinden. Doch mein „Erwachen" war nicht wie erwartet, da ich sogleich deutlich
spürte: JETZT STERBE ICH.*

*Ich war sehr erstaunt darüber, dass ich das Sterben gar
nicht als unangenehm empfand. Ich fürchtete mich*

*überhaupt nicht vor dem kommenden Tod. Es war so
natürlich, so selbstverständlich, dass ich jetzt im Sterben lag, und endlich diese Welt verlasse.*

...

*Es war sehr komisch, dass ich mich schwebend fühlte.
Ja... ich schwebte wirklich. Ich befand mich über der
Unfallstelle und sah dort meinen schwerverletzten, leb-
losen Körper liegen.*

...

*Dann sah ich die Sonne. ... Was ich sah, war nicht ein-
mal die Sonne, sondern eine sonnenartige, wunder-
schöne, warme, lichterfüllte Erscheinung. ... Ich fühlte
mich immer wohler und glücklicher.*

Das helle Licht, das er beschreibt, ist sein Hauptgeistführer. Seine Präsenz wird den ein oder anderen wortwörtlich umhauen: Er ist eine Gestalt mit überirdisch
strahlendem Licht und voller reiner Liebe. Das Gefühl
der Liebe wird alles übertreffen, was man je auf der
Erde erfahren durfte. Man schwebt, fühlt sich frei und
badet wortwörtlich in dieser göttlichen Liebe.

* * *

Wenn wir im Himmel ankommen…
sind wir nicht allein. Unser Hauptgeistführer wird an
unserer Seite sein, aber auch verstorbene, vorangegan-
gene Seelen werden freudig auf uns zukommen. Das
lang ersehnte Wiedersehen steht an. Endlich ist man
wieder vereint – und keine Sorge, sie können uns auch

nicht verpassen, denn unsere lieben Verstorbenen erfahren, wenn wir sterben.

„Und wie war es? Was durftest du lernen?", mag der ein oder andere fragen. Denn in Wahrheit ist ein Erdenleben mit einer Abenteuerreise vergleichbar. Man erlebt allerlei Überraschungen und kann nun nach der Rückkehr von dieser Reise erzählen und es zugleich selbst reflektieren. „Was hätte man besser machen können?"

Sterben ist ein Nach-Hause-Kommen.

Es ist, als würde man endlich das fehlende Puzzleteil finden, nach dem man immer gesucht hat. Es ist kein Ort, sondern ein Zustand des Seins. Wir fühlen uns endlich wieder „ganz". Das kommt daher, dass wir nun wieder mit der höheren Quelle verbunden sind.

Egal, wie real sich dieses Leben auf der Erde für uns anfühlen mag, zurück im Himmel werden wir im Nu feststellen, dass der Himmel unsere wahre und echte Heimat und Realität ist.

Man beginnt sich wieder daran zu erinnern, wer man in Wirklichkeit ist, und denkt womöglich schmunzelnd: „Wie konnte ich nur denken, dass mein Menschenleben meine einzige und echte Existenz wäre? Es war doch alles nur eine Illusion. Ja, ich war damals ein Mensch, aber das war nur eine Rolle, die ich eingenommen und gespielt hatte. Und wenn ich jetzt darüber nachdenke, wie beschränkt mein Wissen auf der Erde doch war, finde ich das schon erschreckend. Hm… aber irgendwie war es eine interessante Erfahrung. Ich durfte viel lernen."

***

Was passiert mit Babys, die sterben?
Sie kommen tatsächlich auch als Baby in der geistigen Welt an, und verstorbene Verwandte oder der Geistführer nehmen das Kind in Empfang und bringen es ins Kinderparadies. Dort kann sich der feinstoffliche Körper weiterentwickeln und wachsen, wobei die körperliche Entwicklung des Astralkörpers viel schneller erfolgt als bei uns auf der Erde.

Meine Urgroßeltern haben ihren 6-monatigen Jungen kurz vor dem Zweiten Weltkrieg verloren. Als sie ungefähr 30 Jahre später nach der Geburt ihres Sohnes starben und in den Himmel kamen, wurden sie von ihrem erwachsenen Sohn abgeholt und begrüßt. Sie meinten, man würde sein Kind sofort wiedererkennen, auch wenn dieser inzwischen zu einem jungen Erwachsenen herangewachsen sei.

***

Womit werden Babys im Himmel gefüttert?
Das ist eine berechtigte Frage, aber Babys sind im Himmel nicht mehr auf Nahrung in Form von Milch oder Brei angewiesen. Allgemein benötigen wir im Himmel keine Nahrung mehr. Seelen leben von Licht und Liebe.

DAS JENSEITS

Wie ist es im Jenseits? Wie lebt man dort?
Das mag sich wohl der ein oder andere fragen. Und
kann dies überhaupt beantwortet werden? Die Antwort
darauf lautet: Ja! Denn durch die Verbindung zum eigenen Geistführer, Engeln und auch Verstorbenen können
wir sehr viele Informationen erhalten.

***

Wie und wo ist es im Himmel?
„Der Himmel ist überall", heißt es. Nur auf einer anderen Ebene. Es ist vergleichbar mit einer flachen, endlo-
sen Platte. Es gibt keinen Anfang und kein Ende.

Muss man sich erst wieder einleben?
Ja, man muss sich erst wieder einleben, auch wenn alles
sofort recht klar ist. Es ist eher ein Erinnern als ein Entdecken, denn man war schon einmal dort – schließlich
ist es unser Zuhause.

Nach der Ankunft haben wir die Möglichkeit, uns aus-
zuruhen – besser gesagt, zu schlafen. Dieser Schlaf ist
jedoch kein Schlaf, wie wir ihn von der Erde kennen,
sondern ein anderer Bewusstseinszustand, vergleichbar
mit einer Hypnose. Es steht uns frei, ob wir dies wün-

schen, doch nach einem traumatischen Tod (zum Beispiel im Krieg) ist es sinnvoll. Es ist wichtig, dass sich die Seele von den Strapazen erholen kann, und dieser „Schlaf" kann nach menschlicher Zeit mehrere Tage andauern.

Anschließend wird uns ein verstorbener Bekannter an die Seite gestellt, der uns herumführt und zu einem Gebäude bringt, in dem die Lebensrückschau stattfindet. Diese Rückschau kann nach menschlicher Zeit durchaus mehrere Wochen dauern. Danach haben wir die Möglichkeit, unser Leben zu reflektieren. Wir besuchen eine Einrichtung, um aus den Fehlern unserer letzten Inkarnation zu lernen und zu heilen. Außerdem haben wir die Chance, unser eigenes Heim zu manifestieren – vielleicht sogar das Haus aus der letzten Inkarnation, um uns wieder einleben zu können.

Hat man im Himmel einen Job?
Jobs, wie wir sie kennen, gibt es im Himmel nicht. Vielmehr gibt es unterstützende Aufgaben, wie etwa die Unterstützung eines lieben Menschen auf der Erde als Geisthelfer. Das bedeutet, dem Geistführer bei seiner Aufgabe zu helfen.

Eine andere Tätigkeit könnte sein, Menschen bei einem Thema, mit dem man vertraut ist, zu helfen und ihnen Tipps zu geben. Diese Hilfe erfolgt vielleicht eher unbewusst über Impulse, die gesendet werden, aber sie bietet dem Empfänger die Möglichkeit, den richtigen Weg einzuschlagen.

Aber keine Sorge, Menschen werden nicht vom Himmel aus manipuliert. Letztlich hängt es von der Entscheidung des Menschen ab, ob er diesen Impuls wahrnimmt oder nicht. Es dient vielmehr als Hilfestellung.

<u>Wie sieht es in der geistigen Welt aus?</u>
Es gibt dort traumhaft schöne Landschaften mit Bäumen, Blumen und allerlei Pflanzen, die der Erde ähneln – nur viel schöner. Die Farben sind intensiver, und es gibt sogar Farben, die wir hier auf der Erde nicht kennen. Diese Farben würden unser Herz zutiefst berühren. Auch die Blumenwelt ist viel vielfältiger, mit atemberaubenden Blumen, die auf der Erde nicht wachsen. Aus manchen Blumen ertönt sogar ein himmlischer Gesang. Alles ist in Liebe und Harmonie aufeinander abgestimmt.

<u>Wohnt man dort tatsächlich in Häusern?</u>
Ja, jeder hat ein Haus. Dies könnte in einem Wald oder neben einem See liegen. Wir können uns unser Zuhause nämlich selbst manifestieren.

Die Räume sind jedoch spärlich eingerichtet, da es im Himmel auch möglich ist, in der Luft zu sitzen. Möbel sind also nicht zwingend erforderlich. Man kann übrigens auch auf dem Boden sitzen, wie es in einigen Kulturen auf der Erde üblich ist, denn Rückenschmerzen und ähnliche Beschwerden gibt es im Himmel nicht mehr.

Natürlich kann man sich auch eine XXL-Villa mit Pool erschaffen, aber das kommt meist nur in den niedrigeren Ebenen vor. Es handelt sich dabei oft um junge und unerfahrene Seelen, die noch eine Lektion zu lernen haben, was das Materielle betrifft. Wir inkarnieren immer wieder auf der Erde, um uns vom Materiellen zu lösen. Aber jeder hat sein eigenes Lerntempo.

Warum hat man dann überhaupt noch ein Haus, wenn es so spärlich eingerichtet ist?
Ganz einfach: für den eigenen Rückzug und um sich ausruhen zu können.

Schläft man in der geistigen Welt?
Nicht so, wie wir es kennen, denn Schlaf ist eine menschliche Eigenschaft. Aber auch Seelen müssen manchmal zur Ruhe kommen, indem sie dösen. Daher gibt es auch Betten, aber man könnte genauso gut in der Luft schlafen. Viele bevorzugen jedoch das Bett, weil sie es noch aus ihrer letzten Inkarnation kennen.

Kann man in der Nähe eines Familienmitglieds wohnen?
Wenn man auf der gleichen Ebene lebt, ist das möglich. Andernfalls kann man sich jederzeit gegenseitig besuchen.

Wie bewegt man sich vorwärts?
Im Himmel gibt es keine Autos oder Flugzeuge. Stattdessen bewegt man sich bei längeren Strecken durch

Gedankenkraft. Das heißt, man stellt sich den gewünschten Ort vor und wird augenblicklich dorthin „gebeamt".

Es ist auch möglich zu laufen oder zu schweben. Laufen ist jedoch etwas komplizierter, denn es passiert nicht mehr automatisch wie auf der Erde. Man muss bewusst einen Fuß vor den anderen setzen.

Sind unsere Verstorbenen in der geistigen Welt noch die gleichen?
Der Grundcharakter bleibt erhalten – das sind die Eigenschaften, mit denen man geboren wird. Man verliert auch nicht seinen Humor!

Meine verstorbene Oma Bettina bestätigte mir übrigens, dass man im Himmel noch immer der/die Gleiche wäre, nur dass man sich wieder an mehr erinnern kann, was man vergessen hatte. Die Verbindung zum letzten Leben bleibt vorerst bestehen, sodass man sich mit der Person aus dem vorherigen Leben noch identifizieren kann. Dies ist wichtig für den Heilungsprozess.

Ist man im Himmel immer glücklich, oder gibt es auch noch Gefühle wie Angst?
Der Himmel ist ein Ort der Liebe und des Friedens. Tatsächlich gibt es dort nur noch positive Gefühle. Eifersucht, Neid, Wut, Hass und Stress – all das existiert dort nicht mehr. Man fühlt sich immer herrlich ausgeglichen, so wie nach einem wunderbaren sommerlichen Strandtag – erholt und glücklich.

Angst ist ein Gefühl, das nur in der Dualität existiert. Im Himmel gibt es keine negativen Wesen und keine Dunkelheit. Es lauern keine Gefahren, und da man als Seele nicht sterben kann, fällt auch die Angst vor dem Tod weg.

Hat man noch einen menschlichen Körper?
Ja, im Himmel hat man noch einen menschlichen Körper, bis man schließlich aufsteigt. Im Laufe unserer Entwicklung löst sich unser Körper jedoch auf, und in der Endstufe sind wir nur noch Bewusstsein.

Was mich daran fasziniert, ist, dass man sich eigentlich nicht wie ein Geist fühlt, wie ich es mir ursprünglich vorgestellt hätte. Schließlich bestehen wir im Himmel nur noch aus Energie in einer nebelartigen Form. Trotzdem kann man seinen Körper wahrnehmen, ähnlich wie auf der Erde. Es fühlt sich vielleicht ein wenig „klumpiger" an, aber selbst wenn man über die Haut streift, fühlt sich diese noch wie menschliche Haut an.

Man kann sich auch unsichtbar machen oder seine Form verändern. Manchmal, wenn man seine Liebsten auf der Erde besucht, ist man als unsichtbare Energiewolke unterwegs. Wenn jedoch jemand auf der Erde hellsichtig ist, könnte man den Körper der letzten Inkarnation annehmen, um sich zu zeigen.

Wovon ernährt man sich im Himmel?
Im Himmel ernährt man sich von Licht und Energie. Nahrung ist für den Körper nicht mehr notwendig, da

wir auch keine inneren Organe mehr haben. Man könnte noch aus Vergnügen essen, aber es würde keinem großen Zweck dienen. Das Essen würde als Energie ausgeschieden werden, aber die Lust auf Nahrung ist dort auch nicht mehr vorhanden.

Werden im Himmel auch Feiern gefeiert?
Der Himmel ist ein fröhlicher Ort, ein Ort der Gemeinschaft, und dort darf auch gelacht und getanzt werden. Tanzen geschieht jedoch nicht mehr durch erlernte Schritte, sondern man schwebt einfach. Alkohol und Zigaretten gibt es im Himmel übrigens nicht.

Gibt es Zeit, Uhren oder Kalender im Himmel?
Im Himmel gibt es keine lineare Zeit mehr. Alles findet im „HIER und JETZT" statt, sodass Uhren und Kalender überflüssig werden. Es ist wie ein unendlicher Tag, ohne Tag-Nacht-Rhythmus.

Auf meine Frage, wie man dann wüsste, dass ein Zeitalter auf der Erde zu Ende geht, wurde mir gesagt, man habe dieses Wissen und Zeitgefühl in sich. Man wüsste es einfach.

ZUSAMMENFASSUNG:

Wie kann ich spirituell erwachen?

1. Suche nach Stille:

- Finde Zeit in der Stille, um dich selbst zu entdecken.

- Stelle dir Fragen wie: „Wer bin ich? Warum bin ich hier?"

2. Erkenne deine Lebensaufgabe:

- Finde den Sinn deines Lebens und deine individuelle Lebensaufgabe.

3. Spirituelle Praxis:

- Öffne deine Chakren und das 3. Auge.

- Erwecke die Kundalini-Energie.

- Praktiziere Yoga oder Atemübungen.

- Singe Mantras, tanze und strebe nach höherem Bewusstsein.

4. Selbstreflexion:

- Nehme deine Gefühle wahr und befreie dich von Ängsten und Blockaden.

- Hinterfrage deine Gedanken und Glaubenssätze.

- Heile dein inneres Kind und lege dein Ego ab.

5. Loslassen von gesellschaftlichen Erwartungen:

- Befreie dich von gesellschaftlichen Programmen und lebe authentisch.

- Folge deiner Leidenschaft und sei mutig, neue Wege zu gehen.

6. Lebe im „Hier und Jetzt":

- Entwickle Vertrauen ins Leben und bleibe im Moment.

- Übernimm Verantwortung für dein Leben und setze gesunde Prioritäten.

7. Positives Mindset und Manifestation:

- Entwickle ein positives Mindset, verlasse die Opferrolle und folge deiner Intuition.

- Übe Selbstliebe, Achtsamkeit und Dankbarkeit.

8. Gesunde Lebensweise:

- Ernähre dich gesund, gönne dir Pausen, und entgifte deinen Körper.

- Verbringe Zeit in der Natur, treibe Sport und entferne toxische Menschen aus deinem Leben.

9. Weiterbildung und Austausch:

- Lies spirituelle Bücher, höre Podcasts und besuche Seminare.

- Suche den Austausch mit Gleichgesinnten.

SCHLUSSWORT:

Nimm dir nur das zu Herzen, was sich für dich wirklich
stimmig anfühlt. Es ist entscheidend, dass du niemals
blind glaubst, was du hörst oder liest. Hinterfrage alles
– wirklich alles. Denn Menschen sind oft leichter mani-
pulierbar, als sie es sich eingestehen wollen. Andernfalls gäbe es nicht so viele Sekten, Glaubensrichtungen
und Ideologien, die versuchen, Menschen zu steuern
und zu kontrollieren.

Forsche selbst. Lass dich nicht nur von einer Quelle
leiten, sondern beziehe auch andere Perspektiven und
Informationen mit ein. Sei immer offen für Neues und
erkenne, dass es nicht nur eine Wahrheit gibt, sondern
viele unterschiedliche Wege, die zum Verständnis und
zur Erkenntnis führen.

Stütze dich nicht zu sehr auf äußere Quellen wie Geistführer oder Seelenreadings. Diese können hilfreich
sein, aber sie sind nicht die alleinige Wahrheit. Er-
zwinge nichts. Du hast alles, was du brauchst, bereits in
dir. Dein Bauchgefühl und deine Emotionen sind dein
wahrer Kompass. Lerne, auf sie zu hören, denn sie führen dich zu deinem wahren Selbst.

In dir steckt das Geheimnis.
Alles, was du suchst, ist bereits Teil von dir –

du musst nur lernen, dich darauf einzulassen.

Schließlich: Beschäftige dich mit dem Thema **Bewusstsein.** Das Bewusstsein ist der Schlüssel zu deinem eigenen Verständnis von dir selbst und der Welt. Indem du deine Wahrnehmung erweiterst, wirst du zu einem klareren, freieren Menschen.

Bleib neugierig, kritisch und achtsam –
und finde deinen eigenen Weg zur Wahrheit.